디지털 사회의 비즈니스 미래 예측

2030년
제4차 산업혁명

| 디지털 사회의 비즈니스 미래 예측 |

2030년 제4차 산업혁명

오기 쿠란도 지음 | 정세영 옮김

BOOKERS

세계에서 진행되고 있는
4차 산업혁명과 미래 예측

"미국에는 계산대에서 결제할 필요가 없는 편의점이 생겼대. 중국에서도 현금을 쓰지 않는 '무현금cashless 결제'가 일상화되었다던데?"

"머지않아 자율주행 전기차가 도로를 달리는 날이 오려나?"

"택배도 드론으로 받게 된다던데, 그게 정말 가능할까?"

"인공지능을 이용하면 생활이 더 편리해질까? 인공지능은 어떤 일을 할 수 있을까?"

"스마트폰 애플리케이션으로 티셔츠를 주문하면 공장의 로봇이 멋지게 만들어주는 날이 올까?"

어느덧 이런 대화를 듣는 일이 잦아졌다. 디지털의 힘을 이용한 4차 산업혁명은 예상을 훌쩍 뛰어넘는 속도로 우리 주변을 변화시키고 있다. 맹렬한 속도로 일어나는 변화는 생활과 비즈니스를 포함한 모든 분야를 아우른다.

SF 소설 같은 세상이 그리 머지않은 미래에 찾아오리라 생각했고, 그 미래는 어느덧 현실로 성큼 다가왔다. 그리고 그 변화의 속도는 점점 더 빨라지고 있다. 이렇게 느끼는 사람이 많지 않은가?

21세기 들어 보급된 소형 컴퓨터 스마트폰과 클라우드 컴퓨팅, 진화하는 인공지능 기술 등이 불러일으킨 산업과 사회의 커다란 변화를 독일에서는 '인더스트리 4.0'이라고 이름 붙였다. 새로운 네 번째 산업혁명이라는 의미로 한국과 일본에서도 '4차 산업혁명'이라고 번역되어 널리 알려졌다. 세계 리더들이 한자리에 모이는 '다보스 포럼'을 주최하는 세계경제포럼에서도 '4th Industrial Revolution'이라는 동일한 명칭을 쓴다.

컴퓨팅 파워의 증가가 만들어낸 다양한 변화가 기업과 산업, 일상에 미치는 영향은 예상을 크게 웃돌았다. 이 변화를 지켜보던 독일은 미국의 영향을 받아 인더스트리 4.0의 의미를 '디지털 기술의 공장 도입' 등 제조업의 혁신을 뜻하는 좁은 의미에서 '제조업의 서비스화, 산업과 사회 전체의 디지털화'라는 넓은 의미로 빠르게 변경했다.

따라서 이 책에서는 세계적으로 진행되고 있는 이러한 혁신을 '4차 산업혁명'이라 표현하고, 각국 최첨단 기업의 사례를 소개하면서 다가올 미래를 예측하고자 한다. 이 책에서 말하는 '4차 산업혁명'이란, 독일이 추진하는 '인더스트리 4.0 프로젝트'와 미국에서 시작한 '산업 인터넷 컨소시엄', 중국이 추진하는 '중국 제조 2025' 등, 디지털 사회로의 전환을 통틀어 일컫는다.

※ ※ ※

2018년 세계를 대표하는 반도체 제조사와 관계자들이 모여 2033년까지의 반도체 칩 성능과 제조 계획을 결정했다. 앞으로 컴퓨터와 센서는 급속도로 작아져서 스마트 더스트Smart Dust(똑똑한 먼지)라고 불리는 초소형 컴퓨터가 탄생할 것이다. 크기만 작아지는 게 아니다. 컴퓨터의 계산 속도가 훨씬 더 빨라지고 계산 비용이 놀랄 만큼 저렴해질 것이다. 그렇게 되면 자율주행 등 우리 주위에서 실현되고 있는 기술에 드는 비용이라는 경제적 장벽이 순식간에 무너지면서 상용화가 앞당겨질 것이다.

이 책을 손에 든 독자는 아마도 20대나 30대 직장인, 어쩌면 10대 학생일지도 모르겠다. 여러분은 지금까지의 시대와는 크게 다른 '네 번째 산업혁명이 실현되는 시대'를 살아가게 될 것이다.

일본에서 2015년 출간된 전작 《결정판 인더스트리 4.0》에서는 IBM에서 만든 슈퍼컴퓨터가 세계 챔피언을 무너뜨린 일이나 인공지능 왓슨Watson이 미국 퀴즈 프로그램 〈제퍼디!Jeopardy!〉에 등장해 퀴즈왕을 누르고 우승을 차지한 일 등을 소개했다.

그리고 이듬해인 2016년 경악할 만한 뉴스가 날아들었다. 구글이 인수한 영국의 인공지능 개발사 딥마인드Deepmind에서 개발한 알파고AlphaGo가 당시 세계 최고의 바둑기사로 꼽히던 이세돌 9단을 상대로 승리를 거두었다는 소식이었다. 인공지능이 딥러닝을 활용해 과거의 기보를 수만 번 학습했을 뿐 아니라 컴퓨터끼리 수만 차례 시뮬레이션 대전을 하며 세계 챔피언을 압도할 만한 실력을 쌓았다는 사실에 전 세계가 충격에 휩싸였다. 이 일을 계기로 일본에서도 인공지능 열풍이 불었다.

그러나 이 일은 시작에 불과했다. 2019년 10월 구글은 영국 과학 학술지 《네이처Nature》에 "양자 컴퓨터가 슈퍼컴퓨터를 능가하는 계산에 성공했다"고 발표해 많은 주목을 받았다. 또 인공지능과 5G 기술이 탑재된 초소형 컴퓨터가 스마트 공장과 자동차, IT 기업의 데이터센터에서 활용될 계획이어서 전 세계가 앞으로 어떤 일이 일어날지를 마른침을 삼키며 주시하고 있다.

이 책에서는 세계의 부가 몰리는 자동차 산업의 진화에도 초점을 맞췄다. 현재 자동차 업계에서는 알파고와 마찬가지로 3차원 지도 정보에 딥러닝 기술을 적용한 디지털 자율주행 시뮬레이션이 엄청난 기세로 진행되고 있다. 전기차가 자동차 시장의 주류로 자리 잡을 열쇠를 쥐고 있는 전고체 배터리[1]도 인공지능 기술을 이용해 개발이 이루어지고 있다.

***

'가까운 미래에 인공지능이 사회와 기업을 백팔십도 바꿔 놓지 않을까?', '직장인과 기업가들은 이 새로운 시대를 어떻게 헤쳐나가야 할까?' 이러한 질문에 대한 답을 찾기 위해 일본을 대표하는 인공지능 과학자와 기업가들은 싱크탱크 '일본경제조사협의회'에 모여 1년 반 동안치열하게 논의했다. 이 책에서는 (허용된 범위 내에서) 그 논의의 핵심

---

1 전고체 배터리 양극과 음극 사이에 있는 전해질을 액체에서 고체로 대체한 전지.―옮긴이 주

내용과 세계 디지털 혁명의 최신 동향을 소개한다.

제2장의 '4차 산업혁명을 실현할 기술과 콘셉트', 제3장의 '4차 산업혁명에서 주목할 기업', 제6장의 '일본의 미래' 마지막 부분에는 해당 분야 전문가와 인터뷰한 내용도 실어 두었다. 제2장에서는 야후재팬 CSO최고전략책임자이자 게이오기주쿠대학 환경정보학부 교수로서 일본의 인공지능 인재 육성에 힘쓰고 있는 아타카 가즈토, 제3장에서는 독일의 인더스트리 4.0을 구상하는 데 전력을 다한 유럽 최대 컨설팅 회사의 창업주 롤랜드 버거 명예 회장, 제6장에서는 일본 최초의 민간 산업인터넷 컨소시엄 IVIIndustrial Valuechain Initiative(산업 가치 사슬 이니셔티브) 이사장이자 호세이대학 디자인공학부 교수인 니시오카 야스유키가 도움을 주었다.

2017년 전작이 중국에서 번역 출간되어 베이징과 항저우 등지에서 중국 인공지능 분야 일인자들과 의견을 나눌 기회가 생겼는데, 그 내용도 제4장 '각국의 4차 산업혁명 추진 현황'에 담아 두었다. 한국이나 일본에서는 중국의 최신 동향이 잘 알려져 있지 않으므로 참고하길 바란다.

2018년부터 2019년까지 미국이 중국에 제재 관세를 부과하고 중국이 보복 관세로 맞대응한 미중 무역 전쟁이 발생했다. 이 무역 전쟁의 배경에는 4차 산업혁명을 두고 벌이는 패권 다툼이 자리 잡고 있다.

'중국의 인공지능 칩이 미국의 최신형 전투기에 탑재되는 시나리오는 어떻게든 피해야만 한다', 이런 위기감이 이번 미중 대립의 진짜 배경이라는 지적도 있다. 그래서 제1장에서는 미중 무역 전쟁과 디지털 기술 패권, 화웨이 문제와 5G에 관해서도 다루었다.

한편 일본에서는 2019년 11월 야후재팬과 라인LINE의 경영 통합이 발표되면서 일본 최대급의 IT 기업이 탄생했다. 이 책에서는 세계에서 존재감을 강화하고 있는 거대 IT 기업(디지털 플랫포머)의 사례도 함께 다루며 이들 기업의 최신 동향에 숨어 있는 배경을 알기 쉽게 설명하고자 노력했다.

회사원과 기업가, 앞으로 사회를 책임질 학생과 교육 관계자분들이 이 책을 꼭 읽었으면 한다. 그리고 4차 산업혁명과 인공지능, 사물인터넷을 둘러싼 세계정세를 이해하는 시야, 미래의 새로운 비즈니스 모델과 생활, 교육을 생각하는 데 도움이 되길 바란다.

오기 쿠란도

CONTENTS

PART 01 4차 산업혁명의 최전선

PART 04 세계 각국의 4차 산업혁명 추진 상황

PART 05 | 2030년의 4차 산업혁명

PART
06 일본의 미래

4차 산업혁명의
최전선

IT 플랫포머와 레거시 기업의 마지막 전쟁

미중 무역 전쟁과 디지털 기술 패권

화웨이 문제와 5G가 여는 미래

독일의 인더스트리 4.0과 중국 제조 2025의 관계

서비스화하는 제조업과 CASE·MaaS 전략

1. IT 플랫폼과 레거시 기업의 마지막 전쟁

도요타, 다임러, 에어버스가 맞이한 대변혁기

"지금 일본이 세계에 내세울 만한 제품은 무엇인가요?"라는 질문에 아마도 많은 사람이 '자동차'라고 대답할 것이다. 반도체와 가전제품에서는 세계 정상 자리를 내주고 말았지만, 자동차 및 자동차 부품 제조 산업은 여전히 일본 제조업을 상징하는 존재다.

　일본 자동차 산업을 선도하는 기업 도요타자동차의 도요다 아키오 사장은 두 가지 메시지를 던졌다.

　첫째, 도요다 사장은 도요타그룹 계열사와 부품 공급사에게 "자동차 산업에서 100년에 한 번 있을 법한 대변혁이 일어나고 있습니다"라고 말했다. 이것은 자율주행으로 대표되는 자동차의 새로운 방향성과 전기자동차 시장을 향한 세계적인 도전을 가리키는 말로 해석된다.

둘째, 도요다 사장이 2018년 주주총회에서 주주들에게 소개한 도요타자동차 사내에서의 에피소드다. 도요다 사장은 이렇게 말했다. "직원 하나가 묻더군요. 싸운다, 싸운다 하시는데, 사장님은 대체 누구와 싸우시는 건가요?"

이 이야기를 듣고 문득 영국 경제 일간지 《파이낸셜타임스*Financial Times*》에 실린 기사가 떠올랐다.

세계적인 자동차 산업국으로 일본과 어깨를 나란히 하는 나라는 독일이다. 그런 독일을 대표하는 최고의 자동차 기업을 꼽자면 역시 다임러Daimler일 것이다. 별을 형상화한 다임러의 로고는 전 세계 어디에서나 동경의 대상이다. 130년 전, 세계 최초로 가솔린엔진을 개발한 다임러의 메르세데스 벤츠는 일본 고급차 시장에서도 커다란 존재감을 발휘한다.

그런데 《파이낸셜타임스》에서 "다임러의 경쟁 상대는 애플일지도 모른다"며 경종을 울리는 기사를 실었다. 자동차 산업의 디지털화가 맹렬한 속도로 진행되고 있는 지금, 독일의 자동차 산업은 머뭇거릴 틈이 없다. 새로운 흐름의 본질을 꿰뚫어 보고 공격적으로 대응하지 않는다면 독일을 대표하는 다임러의 자동차가 가까운 미래에 거대 IT 기업인 애플의 로고를 달고 도로를 달린다는 시나리오도 얼마든지 가능하다는 견해를 보도한 것이다.

이어서 보잉Boeing과 세계 여객기 시장을 양분하는 항공기 제조사 에어버스Airbus의 사례를 소개하겠다. 에어버스는 제2차 세계대전 이후 미국 제조사가 독점해온 여객기 시장에 진입하기 위해 독일, 프랑스, 영국이 연합해서 설립한 기업이다. 에어버스는 2019년 보잉의 최신 기종인 737 맥스가 전 세계적으로 운항이 중단되면서2 여객기 수주량뿐 아니라 매출에서도 세계 1위를 달성했다. 일본에서는 전일본공수ANA가 2019년 하와이 노선에 투입한, 바다거북이 그려진 2층짜리 초대형기 에어버스 A380과 이나모리 가즈오 교세라 명예 회장이 일본항공JAL 재건에 매진하던 2013년에 주력 항공기로 선정한 최신 기종 에어버스 A350이라는 모델명으로 더 유명하다.

2018년 나고야 상공회의소의 경제 교류 사절단이 프랑스 툴루즈에 있는 에어버스 본사를 방문했다. 나고야가 속한 아이치현은 일본 최초의 제트 여객기인 미쓰비시 스페이스 제트(옛 명칭 MRJ·미쓰비시 리저널 제트)와 보잉 최신 기종의 동체 및 날개를 제조하는 일본 항공산업의 중심지다.

나고야 상공회의소 임원인 기업가들은 일본 항공산업의 미래를 구상하겠다는 막중한 사명을 안고 세계 최고의 항공기 제조사인

---

2 737 맥스 기종 여객기가 2018년 10월과 2019년 3월에 두 건의 추락 사고를 일으켜 안전 문제가 제기되면서 세계 각국 항공사가 해당 기종의 운항을 잇달아 중단했다. ―옮긴이 주

에어버스를 시찰했다. 필자 역시도 독일의 디지털 제조와 전기차EV 개발 현황을 일본에 소개하고자 유럽으로 날아가 옵서버observer 자격으로 에어버스 방문 프로그램에 참여했다. 거기서 다가오는 4차 산업혁명 시대에 에어버스가 생각하는 '경쟁 상대'에 대해 하는 말을 듣고 두 귀를 의심했다.

"20년 후 에어버스가 맞서야 할 경쟁 상대가 미국의 모 기업(보잉을 일컫는다)이라고는 생각하지 않습니다. 아직 확실한 답을 찾지는 못했지만 한 가지 분명한 점은 디지털의 힘을 활용한 새로운 이동수단(모빌리티)이 엄청나게 발전하리라는 것입니다. 따라서 우리 에어버스는 가장 먼저 확실한 답에 도달하고자 IT 벤처 기업을 비롯한 새로운 기업과 협력하면서 적극적으로 연구개발을 추진하고 있습니다."

도요타자동차 도요다 사장의 메시지, 《파이낸셜타임스》가 제시한 자동차 산업의 미래, 에어버스가 솔직하게 털어놓은 여객기의 미래, 이들이 모두 같은 답을 가리킨다고 해석된다. 세계 최고의 자동차 제조사와 항공기 제조사가 앞으로 경쟁하게 될 상대는 '디지털 사회로의 전환과 4차 산업혁명을 실현한 디지털 솔루션, 새로운 기업연합팀'이라고 말이다.

이 새로운 기업연합팀의 리더 자리를 노리는 것이 GAFA가파로 대표되는 미국의 거대 IT 기업 즉 디지털 플랫포머Digital Platformer다

그림 1-1 미국의 거대 IT 기업 GAFA

G Google	구글
A Apple	애플
F Facebook	페이스북
A Amazon	아마존

그림 1-1. 물론 기업연합팀에는 디지털 기술과 아이디어가 뛰어난 젊은 스타트업이나 오랫동안 기술력을 탄탄히 다져온 제조기업도 포함될 것이다.

4차 산업혁명 시대에는 한 기업이 모든 서비스를 제공하기는 어려울 듯하다. 오히려 각 기업의 특화된 서비스(솔루션)를 조합해 최상의 팀을 만들어야 서비스의 질을 높일 수 있다. 그렇게 해서 최고의 서비스를 제공한 기업연합팀이 각 산업의 리더가 될 것이다.

미국의 거대 IT 기업이 알고 있는 것

21세기 들어 산업 구조가 크게 변화하였고, 스마트폰으로 대표되는 디지털의 힘으로 인해 새로운 비즈니스 모델이 잇달아 생겨나고 있다. 컴퓨팅 파워Computing Power는 지금도 기하급수적으로 증가하고 있어서 디지털의 힘은 인공지능을 활용한 빅데이터 분석을 통해 나날이 진화하고 있다.

그렇다면 컴퓨팅 파워를 가장 잘 이해하고 비즈니스 모델에 적극적으로 도입하는 회사는 어디일까? 바로 실리콘밸리로 상징되는 미국의 거대 IT 기업들이다. 이들 기업이 하는 일은 디지털 기술 제공이다. 컴퓨팅 파워의 성능이 어느 수준인지 가장 잘 아는 위치에 있는 것이다.

이를 보면, 미국의 거대 IT 기업이 최첨단 컴퓨팅 파워를 이용한 디지털 기술, 인공지능이나 소프트웨어, 클라우드 컴퓨팅을 활용한 플랫폼 제공, 빅데이터 분석 등의 서비스 제공과 같은 방향으로 나아가는 이유를 잘 알 수 있다.

그림 1-2의 세계 시가총액 TOP 10 기업을 보자. 시가총액이란 '기업의 주가×발행 주식 수'로, 그 기업의 가치를 나타내는 지표다. 바꿔 말하면 기관 투자자 같은 주주들이 각 기업의 이익 수준과 미래 성장성에 점수를 매긴 성적표라고 할 수 있다.

그런데 1위부터 5위까지가 모두 미국의 거대 IT 기업이다. 일본 시가총액 1위 기업인 도요타자동차와 비교해보면 이들 기업의 시장 가치가 얼마나 어마어마한지 알 수 있다.[3] 그 규모가 너무도 거대해져서 이제는 이 기업들을 디지털 플랫포머라고 부르기도 한다.

플랫포머platformer란 '참가자가 활동하는 장소(플랫폼)를 제공하

---

3 한국 시가총액 1위 기업인 삼성전자는 2019년 10월 기준 세계 시가총액 16위다.─옮긴이 주

그림 1-2 세계 시가총액 TOP10 기업(2019년 10월 기준, 단위: 100만 달러)

순위	회사명	국가	시가총액
1	마이크로소프트	미국	1,028,108
2	애플	미국	989,520
3	아마존닷컴	미국	847,460
4	알파벳(구글)	미국	816,768
5	페이스북	미국	511,762
6	버크셔해서웨이	미국	502,394
7	알리바바그룹홀딩스	중국	431,594
8	텐센트홀딩스	중국	395,739
9	비자	미국	380,488
10	JP모건 체이스	미국	362,115
...			
43	도요타자동차	일본	218,132

출처 각국 증권거래소 자료를 바탕으로 미쓰비시UFJ 리서치&컨설팅에서 작성

는 리더 기업'을 일컫는다. 리더의 임무에는 그 장소의 규칙을 정해 참가자를 총괄하는 일도 포함된다. 21세기의 디지털 플랫포머란 디지털 기술을 활용한 장소를 제공하는 새로운 리더라고 생각하면 이해하기 쉬울 듯하다.

미국은 원칙적으로 자유 경쟁 사회이므로 거대 IT 기업들은 정부의 개입 없이 자기 힘으로, 그것도 급속도로 성장해왔다. GAFA의 설립연도를 보면 구글은 1998년, 애플은 1976년, 페이스북은 2004년, 아마존은 1994년으로, 한국이나 일본의 대기업과 비교하면 젊

은 기업임을 알 수 있다. 이들 기업은 21세기 들어 급격히 향상된 컴퓨팅 파워를 한껏 누리며 디지털 플랫포머로서 급격한 성장을 이뤄 이제는 미국의 국가 예산을 능가할 정도의 시가총액에 이르렀다.

이들 기업의 입장에서는 컴퓨팅 파워와 디지털 기술을 이해하려하지도, 비즈니스에 활용하려 하지도 않는 기업들이 매우 안타깝게 느껴질 것이다. 일설에 따르면, 미국 거대 IT 기업 관계자들은 최신 기술을 활용하려 하지 않는 기업을 레거시leagacy(구식 유물 기업)라고 표현하는 일조차 있다고 한다.

'레거시'로 불리는 구경제 기업들은 20세기까지 자동차, 기계 장치, 석유, 전기, 전자 기술을 활용해 기득권을 공고히 하고 사업 수익을 올리는 사회 체계를 이루었다. 그러나 거대 IT 기업의 입장에서 지금은 천 년에 한 번 있을까 말까 한 기회다. 이들은 디지털 시대에 적합한 새로운 비즈니스 모델을 구축하여 기득권을 차지한 기존 산업과 기업의 수익과 권리를 빼앗으려 하는 중이다 **그림 1-3**.

앞에서 소개한 자동차 산업을 예로 들면 이해하기 쉽다. 지금 거대 IT 기업이 인재와 자금을 가장 많이 투입하는 분야는 자율주행이다. 자율주행이 상용화하면 자동차라는 개념은 완전히 달라질 것이다.

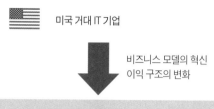

그림 1-3 충돌하는 두 세력

미국 거대 IT 기업

비즈니스 모델의 혁신
이익 구조의 변화

구경제 기업(레거시 기업)

소비자가 자동차에서 가장 중요하게 여기는 가치는 '안전'으로, 지금까지 안전을 보장해주는 존재는 자동차 제조사였다. 예를 들어 독일의 고속도로 아우토반을 시속 200km로 달릴 때 벤츠나 포르셰, BMW를 타면 주행 성능과 제동 장치를 비롯한 모든 것을 제조사가 보장해주므로 안심하고 운전해도 된다. 한국과 일본에서도 대기업이 만든 차라면 안전이 보장된다. 그것이 지금까지 자동차의 세계였다.

그런데 자율주행이 상용화되면 어떨까? 자동 운전 모드의 안전성을 보장해주는 대상이 거대 IT 기업이나 공유차를 제공하는 회사 등으로 이동할 가능성은 충분히 있다. 다시 말해 사용자가 자동차로 이동함으로써 얻는 가치에 대한 대가를 누구에게 지불할지, 그 구도가 바뀔 가능성이 있는 것이다.

거대 IT 기업은 최첨단 인공지능과 디지털 기술을 활용해 적극적으로 자율주행을 실현함으로써 '자동차를 만들어서 판다'는 기존의 비즈니스 모델에 변화를 일으켜 수익과 기득권을 구경제 기업으로부터 이동시킬 수 있다. 앞에서 소개한 세계 시가총액 순위는 세계 최고의 투자자와 투자 펀드들이 그러한 게임 체인지Game Change가 일어날 가능성이 높다고 판단해 투자한 결과인 것이다.

일본에서도 거대 통신사로 성장한 소프트뱅크가 비전 펀드를 설립해 기관투자자로 활발하게 활동하고 있다. 투자자로서 세계적으로도 주목받는 손정의 회장이 투자하는 회사가 바로 게임 체인지에 도전하는 유니콘unicorn(163쪽 참조)이라는 신흥 테크기업군이다.

1차 산업혁명 시대에 미국에서는 철도 사업을 영위하며 철도왕이라 불리던 부유층이 사회를 선도했다. 하지만 2차 산업혁명이 시작되어 자동차가 발명되고 대량 생산되면서 사회에 큰 변화의 흐름이 나타났다. 그런데도 철도 회사들은 자동차라는 새로운 혁신의 가치를 좀처럼 이해하지 못했고, 결국 주요 이동 수단을 자동차에 모두 빼앗길 때까지 달라지지 못했다고 한다. 지금이야말로 이 과거를 떠올려야 할 때다.

미국의 거대 IT 기업에 대항하는 독일의 국가 프로젝트 '인더스트리 4.0'

미국의 거대 IT 기업에 대항하려면 어떻게 해야 할까? 컴퓨팅 파워와 디지털 기술을 이해하고, 직접 선두에 나서서 4차 산업혁명 시

대에 부가가치와 이익을 창출할 새로운 비즈니스 모델을 만들어
내는 수밖에 없다.

먼저 움직이기 시작한 나라는 독일이었다. 독일은 정부와 기업,
대학, 연구 기관이 팀을 이뤄 '인더스트리 4.0'이라는 거국적인 프로
젝트를 가동하고 산업의 디지털화를 추진하기 시작했다 **그림 1-4**.

독일 입장에서 보면, 독일 산업의 뼈대인 자동차 산업이 미국 거
대 IT 기업의 하청을 받는 처지로 몰락해 수익과 고용을 고스란히
빼앗기는 시나리오는 반드시 피해야만 한다.

자율주행 등의 모빌리티 서비스에서도 세계 최고 수준으로 업계
를 선도해 나가는 것, 그리고 완성차 제조사뿐 아니라 부품 제조사
와도 협력해 디지털의 힘으로 부품부터 제조, 서비스까지 새로운
가치 사슬value chain을 구축하는 것, 그 목표를 이루고자 독일은 엄
청난 속도로 스스로를 혁신해 나가고 있다.

그림 1-4 인더스트리 4.0으로 대항

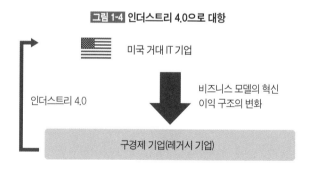

미국 거대 IT 기업

인더스트리 4.0

비즈니스 모델의 혁신
이익 구조의 변화

구경제 기업(레거시 기업)

2. 미중 무역 전쟁과 디지털 기술 패권

세계를 G2가 좌지우지하는 시대

"(G7이 아니라) G2의 시대"

여러분은 이 말을 듣고 어느 나라가 떠오르는가? 누구든 미국은 바로 떠올릴 것이다. 그렇다면 또 하나는 어디일까? 러시아? 독일? 아니면 혹시 일본? 정답은 '중국'이다.

사실 G2는 국제 외교계에서 공식적으로 쓰이는 개념은 아니다. 중국의 젊은 엘리트 기업가들이 세계정세를 논의할 때 내부적으로 사용하기 시작한 표현이다. 즉 중국의 새로운 리더들이 자기들끼리 대화하면서 비유적으로 사용했던 말이다.

그림 1-5 의 그래프를 보자. 현재 중국의 GDP는 세계 2위로 미국의 뒤를 바싹 추격하고 있다. 세계 패권을 노리는 두 대국이라는 의

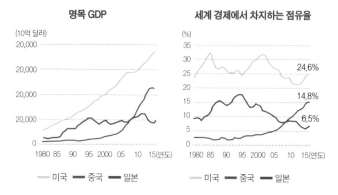

그림 1-5 G2의 GDP 비교

명목 GDP

(10억 달러)

20,000

20,000

20,000

20,000

0

1980 85 90 95 2000 05 10 15(연도)

━━ 미국 ━━ 중국 ━━ 일본

세계 경제에서 차지하는 점유율

(%)

35

30

25

20

15

10

5

0

24.6%

14.8%

6.5%

1980 85 90 95 2000 05 10 15(연도)

━━ 미국 ━━ 중국 ━━ 일본

출처 UN 통계를 바탕으로 미쓰비시UFJ 리서치&컨설팅에서 작성

미에서는 G2라는 표현이 꼭 틀렸다고만은 할 수 없을 듯하다.

선진국 정상 회담인 G7과 G20의 G는 영어 '그룹Group'의 머리글자다. 한편 2011년 미국의 정치학자 이안 브레머Ian Bremmer는 국제 사회가 미국이라는 한 나라의 세계 패권에서 벗어나 'G0제로의 시대'로 이동했다고 분석해 화제가 되었다. 여기에서 말하는 G는 중력을 뜻하는 영어 '그래비티Gravity'의 머리글자다.

현재 국제 사회와 경제가 미국과 중국이라는 두 중력 'G2의 세계'로 빨려 들어가고 있다는 해석은 미중 관계에 휘둘리는 지금의 세계정세를 잘 나타낸다고 볼 수도 있다. 2019년 6월 일본 오사카에서 G20 정상회담이 열렸을 때 미중 무역 전쟁 당사자인 미국 트럼프 대통령과 중국 시진핑 국가주석이 일본을 방문해 세계의 이목이 쏠리기도 했다.

그렇다면 이렇게 성장한 중국이 안고 있는 과제는 무엇일까? 그 과제는 아래 세 가지다.

1. 한 자녀 정책에 따른 고령화로, 가까운 미래에 노동력 부족이 예상되는 점
2. 경제 성장에 따른 임금 상승
3. 세계의 공장이 된 대가로 따라온 환경 대책

이 과제들을 해결하기 위해 2015년에 국가 정책으로 내세운 것이 제조업 장기 계획인 '중국 제조 2025'와 정보 산업을 모든 산업에 활용하는 '인터넷 플러스' 정책이다. 그에 더해 중국은 2017년 11월에 인공지능을 활용한 국가 정책인 '차세대 인공지능 발전 계획'을 발표했다. 이 계획의 주된 목표는 다음과 같다.

1. 2020년까지 인공지능의 전체 기술을 세계 선진국과 같은 수준으로 끌어올린다.
2. 2025년까지 일부 인공지능 기술 및 응용 분야에서 세계 최고 수준에 이른다.
3. 2030년까지 이론, 기술, 응용 분야에서 세계 최고 수준에 오른다.

디지털로 돌진하는 중국

21세기 초만 하더라도 디지털의 힘을 가장 잘 이해하고 새로운 비즈니스 모델로 세계 경제를 석권한 곳은 미국의 거대 IT 기업들이었다. 그런데 그 기업들 못지않게 디지털의 힘을 구사하는 디지털 플랫포머가 등장했다. 바로 중국의 거대 IT 기업이다. 세계 시가총액 상위 10위 안에 이름을 올린 알리바바, 텐센트, 바이두가 그 주인공으로, 이들 세 기업을 합쳐 'BAT비트'라고 부른다 그림 1-6.

바이두는 중국 최대의 검색 엔진을 제공하는 기업으로, 중국의 구글이라고 할 수 있다.

알리바바는 중국의 아마존이라고도 불리는 전자상거래 기업이다. 모바일 간편 결제 서비스인 '알리페이'로 중국 외에도 아시아, 유라시아 지역에서 결제, 금융 기업으로서 존재감이 커지고 있다. 소프트뱅크가 바로 이 알리바바의 기업공개IPO로 주식 포트폴리오의 기반을 다졌다는 의견도 있다.

텐센트는 중국 최대 SNS인 위챗WeChat으로 시작해 알리바바와 어깨를 견주는 중국 최대 IT 플랫포머로 성장한 기업이다. 2018년에

그림 1-6 중국의 거대 IT 기업 BAT

B Baidu	바이두
A Alibaba	알리바바
T Tencent	텐센트

는 일본 최대의 전자기기 제조사인 히타치가 사물인터넷 사업 분야에서 텐센트와 제휴를 맺었다고 발표해 화제에 오르기도 했다.

중국에 출장이나 여행을 가 본 사람은 잘 알겠지만, 중국에 입국하는 순간 구글이나 페이스북 같은 서비스를 이용할 수 없다. 중국은 자국 IT 기업을 육성할 목적도 있어서 미국의 일부 거대 IT 기업의 활동을 실질적으로 제한해 왔다. 이를 '만리방화벽Great Firewall', 즉 화재가 번지지 못하게 방지하는 (데이터) 방화벽이라고 부른다. '데이터 쇄국'이라고 생각하면 이해하기 쉬울 듯하다.

이러한 데이터 쇄국 상태에서 중국판 거대 IT 기업들은 놀라운 속도로 성장했다. 미국의 거대 IT 기업과 견주어도 손색이 없는 세계 최고 수준까지 디지털 기술을 갈고 닦은 것이다.

'중국 제조 2025'와 '인터넷 플러스' 정책, 나아가 '차세대 인공지능 발전 계획'을 발표하고 디지털 기술과 인공지능을 활용해 더 큰 발전을 목표로 세운 중국 정부 입장에서 보면 이들 거대 IT 기업의 활약은 크나큰 원동력이 된다. 중국의 거대 IT 기업은 지금까지 디지털화가 진행되지 않은 산업과 상거래를 단숨에 디지털화하는 데 강력한 후원자가 될 수 있기 때문이다 그림 1-7.

한편 지금 중국에서는 디지털 분야와 인공지능을 개발하는 민간 스타트업이 세계에서 가장 많이 탄생하고 있다. 중국 정부는 이들 '원석' 스타트업 중에서 미래에 빛날 '다이아몬드' 기업을 골라내어

그림 1-7 **새로운 세력으로 등장한 중국의 거대 IT 기업(BAT: 바이두, 알리바바, 텐센트)**

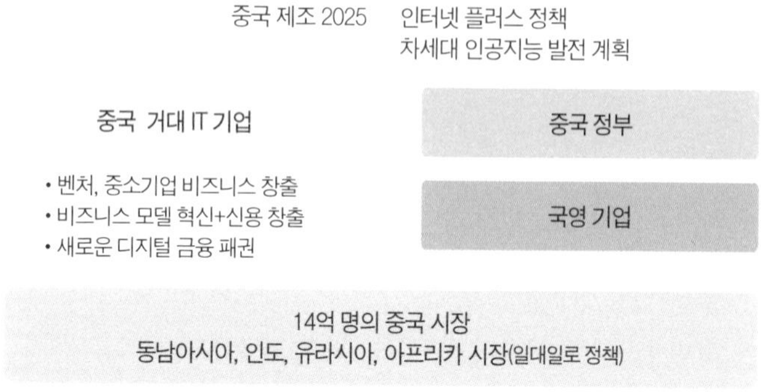

중국 제조 2025　　인터넷 플러스 정책
차세대 인공지능 발전 계획

중국 거대 IT 기업　　　　　　　　중국 정부

• 벤처, 중소기업 비즈니스 창출
• 비즈니스 모델 혁신+신용 창출　　국영 기업
• 새로운 디지털 금융 패권

14억 명의 중국 시장
동남아시아, 인도, 유라시아, 아프리카 시장(일대일로 정책)

지원하기 위해 거대 IT 기업에 '감정'을 의뢰했다고 한다. '약은 약사에게'다. 약사의 리더인 중국 거대 IT 기업에 성장주의 기술과 스타트업 발굴 및 심사를 맡겨 정부 보조금을 투입하려는 생각인 것이다. 그에 필요한 보조금은 국민의 세금에서 나가지만 결과적으로 사회가 디지털화 되어 국민의 생활이 풍요로워진다면 그로써 충분하다고 결단을 내린 것인지도 모른다.

중국이 두려워하는 '미국과의 무역 전쟁 패배 시나리오'

한편 중국 비즈니스 리더들에게는 걱정거리가 있다. 미국이 자신들을 바싹 추격하며 발전하는 중국 경제에 반격을 가하는 것이다.

2018~2019년 그 두려움은 현실이 되었다. 미국은 트럼프 대통령의 '아메리카 퍼스트America First(미국 우선주의)' 방침에 따라 글로벌

산업 정책에서 보호 무역 정책으로 방향을 전환했다. 중국을 최대 타깃으로 삼아 추가 관세 조치에 돌입했고 중국이 이에 맞대응하며, 미국과 중국의 무역 전쟁 양상을 띠고 있다.

이제 중국은 세계 1위 미국의 가장 큰 경쟁자가 되었다. 지금의 미중 무역 전쟁, 지식 재산권 대립의 배경에는 이러한 두 나라의 패권 다툼이 숨어 있다고 볼 수 있다.

2018년 10월에는 미국 펜스 부통령이 연설에서 중국에 대한 강경한 입장을 분명하게 밝히며 '중국 제조 2025'를 콕 집어 비판하면서 세계의 주목을 받았다. '중국에 반도체와 디지털 산업 분야의 기술 패권을 절대로 넘기지 않겠다'는 것이 미국의 속내인지도 모른다.

앞으로 인공지능은 초소형 컴퓨터에 탑재되는 등 지속적으로 산업에 도입될 것이다. 하지만 딥러닝이나 신경망[4]이 탑재된 인공지능 컴퓨터 칩은 단적으로 말하자면 블랙박스나 다름없다. 간단한 방법으로는 내부를 검증할 수 없는 것이다. 예를 들자면 '중국이 제작한 인공지능 칩이 미국의 최신형 전투기에 탑재되는 시나리오는 어떻게든 피해야만 한다'는 것이 미국의 속내이며, 이러한 위기감이 이번 미중 대립의 진짜 배경이라고 볼 수도 있는 것이다.

---

4 신경망neural network 인간의 뇌신경 세포와 그 결합 구조를 본떠 만든 전자 회로망. —옮긴이 주

한편 이러한 미국의 반격을 예상한 중국의 비즈니스 리더들은 과거 세계 굴지의 고도성장을 이루고 1980년대에는 전자 제품과 반도체, 자동차 산업에서 세계 최고라는 평가를 받으며 미국의 패권을 위협했던 일본의 사례를 철저히 연구했다는 이야기가 있다.

당시 미일 무역 전쟁이 발발하자 미국 무역대표부USTR는, 이번에 중국을 상대로 시행한 것과 마찬가지로, 미국 통상법 301조5를 발령했다. 그리고 최종적으로는 엔-달러 환율을 큰 폭으로 절상하는 형태로 마무리되었다. 이미 알려진 대로 그 후 일본 기업은 엔화 강세를 극복하기 위해 해외에 공장을 짓고 현지 생산 비율을 높여 나갔다.

---

5 **미국 통상법 301조** 1974년 제정된 미국 종합 무역 법안으로, 외국의 불공정 무역 관행에 대해 보복 조처를 할 수 있도록 명시된 특별법. —옮긴이 주

3. 화웨이 문제와
5G가 여는 미래

화웨이 문제란 무엇인가

2019년 1분기 화웨이는 애플을 제치고 삼성의 뒤를 이어 세계 점유율 2위의 스마트폰 제조사로 등극했다. 그 직후인 2019년 5월 미국이 화웨이를 수출제한 명단에 올려 전 세계에 반향을 일으켰다. 미국 기업인 구글이 스마트폰 운영 체제OS인 안드로이드와 애플리케이션을 화웨이에 공급하는 것을 중단하겠다고 발표하기도 했으며, 이후 표명한 완화 방침에 따른 실무 조치를 비롯해 향후 화웨이를 둘러싼 향방에 이목이 쏠리고 있다.

화웨이는 스마트폰 제조사인 동시에 통신장비 회사이다. 그림 1-8 은 기업별 5G 관련 특허 출원 건수다. 여기에서도 화웨이가 세계 최고 수준의 5G 기술을 보유했음을 엿볼 수 있다. 이러한 이유로

그림 1-8 기업별 5G 관련 특허 출원 건수

출처 Iplytics GmbH(http://www.iplytics.com/)의 자료를 바탕으로 미쓰비시UFJ 리서치&컨설팅에서 작성

미국이 화웨이를 안보상 위협이 된다고 판단한 핵심은 사실 5G 기술에 있다고 보는 해석도 있다.

통신 기술은 군사력과 안보상 중요한 역할을 한다. 일례로 제2차 세계대전 중 영국 연합군이 독일군의 암호를 해독하기 위해 컴퓨터 기술의 기초가 된 '튜링 머신Turing machine'을 개발해 사용했으며, 4차 산업혁명의 엔진이라고도 할 수 있는 통신 기술과 인터넷도 미국의 군사 통신 기술을 민간에서 활용하면서 시작되었다.

5G 기술이란

현재 주목받고 있는 기술 중 하나인 5G란 무엇일까? 5G는 5세대 이동 통신 시스템5th Generation을 말한다. 2018년 미국과 한국 일부에서 시범 서비스가 도입되었으며, 2020년 이후 전 세계에 본격적으로 도입되기 시작했다. 5G는 앞으로 인공지능과 함께 빅데이터를 수집해 모든 산업을 진화시키는 데 중요한 역할을 할 것이며, 컴퓨팅 세계와 현실 세계 사이의 통신을 책임질 핵심 기술이 될 것이다.

현재 거대 IT 기업들이 인재와 자금을 가장 많이 투입하는 분야는 자율주행이다. 그리고 자율주행을 상용화하는 데 필요한 핵심 기술 중 하나가 5G 통신기술이다. 머지않은 미래에 자동차가 다른 자동차와 교신하고, 차량 내에서 데이터 통신을 하고, 자동차 제조사나 교통체계를 책임질 플랫폼 기업의 클라우드 시스템과 대량의 데이터를 신속하게 주고받는 데 사용될 통신 시스템이 바로 5G인 것이다.

또 자율주행은 공공도로를 달린다는 안전상의 문제를 고려해 상용화 속도를 조절하는 경우가 많다. 하지만 공공도로라는 틀에서 벗어나 창고나 공장에서 자율주행 기술을 활용한다면 어떨까? '무인운송 시스템'이라고 불리는 이 기술은 이미 상용화 단계에 들어섰다. 창고나 공장에 로컬 기지국을 설치해 5G를 활용하는 것이 기술적으로 가능해진 것이다.

5G가 도입되면 클라우드 컴퓨팅 등으로 분석한 내용을 제조 현장의 에지edge라고 불리는 기계나 로봇에 반영하는 스마트 공장이

확산될 것으로 예상된다. 또 전 세계의 거대 IT 기업이 클라우드 컴퓨팅을 제공하기 위해 설립한 데이터센터에 로컬 기지국을 구축해 5G로 데이터 통신을 할 가능성도 커지고 있다.

4. 독일의 인더스트리 4.0과 중국 제조 2025의 관계

GDP가 미국에 필적하는 유럽연합과 독일의 전략

유럽연합EU 그리고 유럽연합을 이끄는 독일은 새로이 탄생한 G2 즉 미국과 중국의 긴장 관계 틈에서 방향을 잡기 힘든 상황에 놓여 있다.

　그림 1-5 에서 살펴본 미국, 중국, 일본의 GDP에 유럽연합과 독일의 GDP를 겹쳐 보자 그림 1-9. 사실 유럽연합 전체로 보면 명목 GDP 와 세계 전체에서 차지하는 점유율 성장세는 미국과 엇비슷하다. 총인구 5억 명 이상, 무려 28개국의 연합체인 유럽연합은 일본과 거리도 먼 데다 브렉시트Brexit(영국의 유럽연합 탈퇴)에서 볼 수 있듯 유럽 대륙 국가들과 거리를 두는 영국 쪽에 치우친 정보가 많이 보도되는 편이어서 실태를 이해하기는 쉽지 않다.

그림 1-9 미국에 필적하는 유럽연합의 GDP, 일본을 바싹 추격하는 독일의 GDP

명목 GDP

세계 경제에서 차지하는 점유율

(10억 달러)

(%)

24.6%
21.8%

14.8%

6.5%
4.6%

1980 85 90 95 2000 05 10 15(연도)

━━ 미국 ━━ 중국 ━━ 일본 ━━ 유럽연합 ━━ 독일

출처 UN 통계를 바탕으로 미쓰비시UFJ 리서치&컨설팅에서 작성

터놓고 말해서 유럽연합의 GDP 성장세는 회원국을 늘리는 전략으로 달성되었음을 부정할 수 없다. 그러나 회원국 안에서 사람, 상품, 자본이 자유롭게 이동하는 유럽연합 그 자체의 존재감은 앞으로도 세계 경제에서 큰 부분을 차지할 것이다. 또 유럽연합의 리더인 독일의 GDP는 세계 4위로, 인구가 1.5배 더 많은 일본의 GDP를 바싹 추격하고 있다.

유럽연합과 그 리더인 독일은 영국의 탈퇴 후에도 미국과 중국 사이에서 경제적인 발전 방향을 모색해 나갈 것으로 보인다.

독일을 롤 모델로 삼은 중국

현재 벌어지는 미중 무역 전쟁이 시작되기 몇 년 전으로 거슬러 올라가 보자. 독일이 세계 제조업의 리더로서 인더스트리 4.0 프로젝트를 시작했을 때, 디지털화 된 기술을 판매할 중요한 파트너로 생각한 나라는 중국이었다. 제조업이 최대 산업인 독일은 세계의 공장이 된 중국을 독일의 디지털 제조업 노하우를 판매할 가장 큰 시장으로 판단하고, 파트너로서 국가 차원에서 비즈니스 매칭에 나서겠다는 방침을 세웠다.

때마침 중국에서는 고령화로 인한 미래의 노동력 부족, 경제 성장에 따른 임금 상승과 환경 대책의 필요성 등으로 2015년 '중국 제

그림 1-10 독일의 인더스트리 4.0과 중국 제조 2025의 관계

조 2025' 계획에 착수했다. 공장의 디지털화로 방향을 돌린 중국의 롤 모델은 독일의 인더스트리 4.0 정책이었다.

중국은 최첨단 디지털 공장의 노하우를 최대한 빨리 배울 필요가 있었다. 비즈니스 매칭이라는 형태로 비용을 지불하더라도 독일의 기술을 바로 흡수할 수 있다는 메리트가 있었던 것이다 **그림 1-10**. 실제로 2016년 중국의 대형 가전 업체인 메이디그룹이 독일을 대표하는 산업용 로봇 제조사 쿠카KUKA를 인수하는 등, 독일 첨단 기업에 대한 중국 기업의 투자가 활발해졌다.

독일 산업용 로봇 제조사인 쿠카를 매수한 중국 자본

제조업에서 산업용 로봇은 디지털과 현실의 공장을 연결하는 중요한 매개체다. 스마트 공장이나 디지털 공장에서 산업용 로봇은 소프트웨어와 제어 시스템의 지시를 받아 실제로 제조하는 액추에이터actuator(작동 장치) 역할을 한다. 또 제조 현장의 데이터가 산업용 로봇을 경유해 디지털 측으로 전송되는 일도 적지 않아서, 현실 측의 데이터를 디지털로 흡수하는 중추라고도 할 수 있다.

2016년 중국의 메이디그룹이 쿠카를 인수한다는 뉴스가 흘러나왔을 때 독일은 충격에 휩싸였다. 메이디그룹은 중국의 대형 가전 업체로 제조 공장의 디지털화와 사물인터넷IoT; Internet of Things 가전 개발에 적극적인 회사다. 한편 쿠카는 일본의 화낙, 야스카와전기와 함께 세계 4대 로봇 제조사 중 하나로 꼽힌다. 오렌지색이 트레이드마크인 쿠카의 산업용 로봇을 기억하는 독자도 있을 것이다.

디지털 공장의 노하우가 필요한 중국과 그 노하우와 기술을 팔고 싶은 독일의 비즈니스 매칭이 디지털 공장의 중추라고도 할 수 있는 산업용 로봇 제조사에서 실제로 일어난 것이다.

"인더스트리 4.0에서 중요한 역할을 하는 독일의 대표적인 로봇 제조사가 외국 자본에 인수되어도 괜찮을까?", "독일이 국가 프로젝트로 쌓은 노하우가 유출되지는 않을까?", "자동차 공장의 데이터가 로봇을 경유해 중국으로 흘러 들어갈 가능성이 있지 않을까?" 독일 전국의 기업 관계자와 정치가들 사이에서 인수에 우려를 나타내는 목소리가 새어 나왔다. 또 한편으로는 어쩔 수 없는 일이라는 목소리도 의외로 높아서 독일 정부와 산업계의 의견은 양극단으로 갈렸다. "분명 산업용 로봇은 스마트 공장의 중요한 일부다. 하지만 인더스트리 4.0의 핵심 노하우는 로봇이라는 기계 자체가 아니라 디지털 기술인 소프트웨어와 인공지능에 있다. 이번 인수에서 디지털 노하우는 중국에 팔리지 않았다"는 것이다.

로봇은 디지털 소프트웨어의 지시를 받아 움직이는 정교한 기계다. 비유하자면 최고급 꼭두각시인 셈이다. 즉 이 꼭두각시를 작동시키는 두뇌에 해당하는 디지털 소프트웨어 기술은 팔리지 않았다고 보는 것이다. 당시 독일 정부는 이를 승인했고, 결국 쿠카는 중국 메이디그룹에 인수되었다. 독일 정부는 어디까지나 자유무역과 투자의 원칙에 따라 이루어진 인수이므로 개입하지 않는다는 판단을 내렸다.

한편 쿠카가 중국 기업에 인수된 후로 유럽 기업이 일본의 산업용 로봇 제조사에 인수 조건을 문의하는 일이 잦아졌고, 독일의 인더스트리 4.0 관련 기업 및 연구 기관이 공동 프로젝트를 제안하는 일이 늘었다고 한다. 의외로 이것이 독일의 본심인지도 모르겠다.

만약 미중 무역 전쟁이 발발해 미중 무역 협상에서 중국 제조 2025 프로젝트 중단이 화제에 오르내리는 지금이었다면 독일도 중국에 더 신중하게 대응했을 것이다. 독일을 비롯한 유럽연합도 과거의 일본과 마찬가지로 미국 무역 전쟁의 타깃이 되었기 때문이다.

5. 서비스화하는 제조업과 CASE·MaaS 전략

서비스 산업과 융합하는 제조업

앞서 거대 IT 기업들이 인공지능과 빅데이터 분석 등 디지털의 힘을 구사해 구경제 기업의 이익을 빼앗으려 한다고 설명했다. 여기서 '그렇다면 거대 IT 기업은 어떻게 새로운 비즈니스 모델을 만들까'라는 의문이 생긴다. 한마디로 답하자면, 그들은 물건을 판매한 후 제공하는 서비스에서 가치를 창출해 이익을 높인다.

그림 1-11을 보자. 가로축은 부품 제조사가 부품이나 소재를 만들고 완성품 제조사가 그것을 조립해 제품을 판매하는 기존의 가치 사슬에, 판매 이후에 서비스를 제공하고 그에 대한 대가를 받는 사후 관리 서비스 부분을 덧붙인 것이다. 세로축은 그 활동에서 얻을 수 있는 부가 가치, 다시 말해 '사용자와 소비자로부터 받을 수 있는

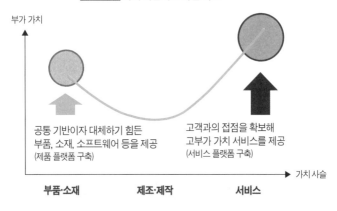

그림 1-11 가치 사슬의 스마일 커브smile curve

부가 가치

공통 기반이자 대체하기 힘든
부품, 소재, 소프트웨어 등을 제공
(제품 플랫폼 구축)

고객과의 접점을 확보해
고부가 가치 서비스를 제공
(서비스 플랫폼 구축)

가치 사슬

부품·소재　　　　**제조·제작**　　　　**서비스**

출처 일본 경제산업성 산업구조심의회에서 2017년 5월 30일에 발표한
〈신산업 구조 비전〉 중 '제조·생산 현장의 고도화 및 효율화 방향성'

가치의 대가=최종적인 이익 수준'을 나타낸다.

그렇다면 상기 그래프는 어떤 의미일까? 기존에 가장 이익이 컸던 완성품 제조사는 제품 품질의 평준화commoditization로 인해 창출되는 부가 가치와 이익이 줄어드는 반면, 디지털의 힘을 이용해 새로운 서비스를 제공하는 기업은 부가 가치와 이익이 더욱 늘어남을 나타낸다. 또 경쟁력이 높은 부품이나 소재를 만들어 완성품 제조사에 판매할 수 있는 기업은 부가 가치가 더 높아져서 그만큼 이익이 증가함을 나타낸다. 다시 말해 4차 산업혁명 사회에서는 완성품 제조라는 공정만으로는 이익을 얻기가 힘들어지고, 경쟁력 있는 부품이나 서비스를 제공해야 부가 가치와 이익을 높일 수 있다.

이렇게 창출된 부가 가치, 즉 이익의 변화를 나타내는 곡선이 싱긋 웃는 입 모양 같다고 해서 '가치 사슬의 스마일 커브'라고 불린다.

자동차 산업에서 보자면, 앞서 소개한 도요타자동차 도요다 사장의 메시지와 《파이낸셜타임스》의 기사에서 볼 수 있듯, 세계 최고의 자동차 제조사라 해도 거대 IT 기업이 만들어낸 비즈니스 모델의 변화 흐름을 거스르기란 좀처럼 쉽지 않은 게 현실이다. 완성차 제조사가 자동차 부품을 모아서 복잡한 제조를 관리하는 기존의 비즈니스 모델에서 벗어나 자율주행이나 공유차 등 새로운 부가 가치를 창출하는 모빌리티 서비스를 제공하며 업계 선두 자리를 지켜나갈 수 있을지 시험대에 오른 시대인 것이다.

독일의 자동차 제조사는 스마일 커브에 대처하기 위해 인더스트리 4.0 프로젝트를 더욱 발전시켜 디지털화가 진행 중인 서비스 분야까지 수비 범위를 확장하며 활발히 움직이고 있다.

독일 경제를 떠받쳐온 자동차 산업의 현재

자동차 산업은 독일 최대의 산업이다. 마치 자동차 산업이 번성한 일본의 아이치현이 하나의 국가가 되었다고 상상하면 이해하기 쉽다. 독일은 자동차 산업에 힘입어 GDP 세계 4위를 달성하고 유럽 연합의 리더가 되었다.

2018년 세계 자동차 판매대수를 보면 독일의 폭스바겐은 1,074

만 대로, 르노·닛산·미쓰비시 3사 연합의 1,060만 대, 도요타자동차의 1,038만 대를 누르고 세계 1위에 올랐다. 순이익 면에서도 세계 1위 도요타자동차의 25조 원의 뒤를 이어 폭스바겐이 15조 원, 다임러가 13조 원, BMW가 11조 원을 달성하며 세계 2~4위를 독일 제조사가 차지했다.

아우토반이라고 불리는 독일의 고속도로는 속도 제한이 없기로 유명하다(정확하게는 안전이 확보된 구간에서만 제한속도가 없다). 독일 차인 포르쉐나 BMW가 일본 고속철도인 신칸센에 버금가는, 시속 200킬로미터가 넘는 속도로 고속도로를 질주하는 모습은 그야말로 독일 자동차 산업의 상징이다.

일본에서 '이동시간을 돈으로 산다'는 말은 비행기나 신칸센을 이용한다는 의미다. 미국에서는 비즈니스 제트기일지도 모르겠다. 하지만 독일에서는 주행 성능이 뛰어난 자동차를 사서 목적지까지 고속도로를 이용해 도어 투 도어door to door로 이동하는 것을 가리킨다. 무료 고속도로가 독일 전체를 둘러싸고 있어서 자동차로 이동하는 것이 가장 효율적인 탓이다.

이러한 독일의 자동차 산업계에서 새로운 슬로건이 탄생했다. 바로 "자동차 역사 130년에 걸쳐 일어난 변화에 필적하는 변화가 앞으로 불과 20년 만에 일어난다"이다. 현재 독일 기업들은 이 슬로건의 깃발 아래 엄청난 속도로 변화하고 있다. 독일로서는 미국과 중국의 거대 IT 기업들이 비즈니스 모델을 변화시켜 자동차와 모빌리티의 주도권과 이익을 빼앗아 가는 시나리오는 어떻게든 피해야만 하는 것이다.

'CASE로 세계를 선도하자' ─ 다임러의 자존심

세계 최초로 가솔린엔진 자동차를 발명한 다임러는 독일 자동차 제조사 중 시가총액과 이익 모두 최고를 자랑하는 업계의 리더다. 2016년 디터 제체Dieter Zetsche 당시 회장은 자동차 업계가 직면한 최대 과제인 자동차의 대혁신을 상징하는 키워드로 'CASE케이스'를 제시했다. 이것은 아래 4가지 키워드의 머리글자를 딴 것으로 자동차 혁신의 방향성을 나타낸다.

C 연결성Connected

A 자율주행Autonomous Drive

S 공유 및 서비스Shared & Service

E 전기차EV: Electric Vehicle

이들 영역은 디지털 기술로 밀접하게 연결되어 있다. 다임러는 이 4가지를 동시에 발전시켜 나가자고 제안한 것이다. 실제로 다임러는 자동차 제조 기업에서 모빌리티 기업으로 탈바꿈하고자 순차

적으로 구체적인 행동을 취해 나가고 있다

자율주행에서는 2015년 프로토타입 자율주행 차량을 발표하였다. 자율주행 스마트 트럭도 순조롭게 진행 중이다. 미국 네바다 주에서 군집 주행6 테스트의 실적을 쌓으며 2025년 상용화를 목표로 하고 있다. 스마트 트럭이 상용화되면 물류 산업에 획기적인 변화가 일어날 것으로 예상된다.

전기차 분야에서는 2016년에 신규 브랜드인 EQ를 런칭하고 2022년까지 10종 이상의 전기차를 출시하겠다는 계획을 발표했다. 또 공유 및 서비스 면에서는 차량 공유 서비스 회사인 카투고CAR2GO를 설립하고 세계 8개국 24개 도시에서 서비스를 전개해 회원 수 300만 명을 돌파했다. 나아가 2018년에는 배차 애플리케이션 회사를 신설해 BMW와 모빌리티 서비스 사업을 통합한다고 발표했다.

세계 최초의 자동차를 발명한 다임러는 21세기 디지털 시대의 모빌리티를 재발명하기 위해 맹렬한 속도로 질주를 이어가고 있는 것이다.

---

6 군집 주행 화물차 여러 대가 열차처럼 동일한 간격을 두고 일렬로 주행하는 자율주행 운송 기술 중 하나. —옮긴이 주

자율주행은 21세기의 '문샷'

'문샷Moonshot'이라는 말이 있다. 과거 미국은 아폴로 계획을 발표하고 유인 우주선을 달에 보내 인류 최초로 달에 착륙하는 데 성공했다. 미국이 국력을 총동원해 이 위업을 달성했다는 점에 이목이 쏠렸다. '미국과 러시아(당시 소비에트 연방)의 냉전으로 인한 국가 간의 패권 다툼'으로 받아들여졌던 것이다.

실제로 아폴로 계획에는 막대한 자금이 투입되었고, 당시 IBM은 컴퓨터로 이 프로젝트를 지원했다. 한편 아폴로 계획을 달성하고자 연구 개발이 이루어지는 과정에서, 현재 다양한 산업 분야에서 활용되고 있는 신기술이 여럿 탄생하기도 했다.

아폴로 계획을 시작할 당시, 미국의 존 F. 케네디 대통령은 "우리나라는 목표를 달성하기 위해 최선을 다할 것이다. 1960년대가 끝나기 전까지 인류를 달에 착륙시키고 이들을 무사히 귀환시키겠다"라고 선언해 세계를 꿈에 부풀어 오르게 했다. 그리고 마침내 1969년 이 계획은 달성되었다.

그런 이유로 '문샷(달 탐사선 발사)'이라는 말은 장대한 과제나 도전을 실현하는 일, 그리고 그 실현이 과학 기술과 산업에 커다란 영향을 초래하는 일을 일컫는 말이 되었다.

그리고 21세기의 문샷이라고 불리는 것이 자율주행이다. 현재 세계의 인재와 자금은 자율주행 상용화를 목표로 자동차 산업에

몰리고 있다. 그야말로 달 착륙을 목표로 로켓 개발 경쟁을 했던 아폴로 계획에 견줄 만한 상황인 것이다.

이러한 상황에서 독일은 자율주행을 포함한 CASE 분야에서 거대 IT 기업에 주도권을 빼앗기지 않고, 인더스트리 4.0 프로젝트를 통해 4차 산업혁명에서 주도권을 확보하고자 고군분투하고 있다.

떠오르는 MaaS

4차 산업혁명은 자동차뿐 아니라 철도 등을 포함한 모빌리티 전체에 영향을 미치고 있다. 이러한 변화는 MaaS마스라고 불리며 한창 주목받고 있다.

MaaS란 맞춤형 교통 서비스 즉 Mobility as a Service의 약자로 이동 혁명이라고도 불린다. 스마트폰이나 디지털의 힘을 이용해 자동차나 철도, 버스 등의 다양한 교통수단을 연계하여 목적지까지 원활하게 도착할 수 있게 하는 서비스를 가리킨다.

'철도나 버스 등으로 원활히 이동할 수 있게 도와주는 서비스라면 일본에도 이미 철도 회사의 IC카드가 있지 않나?'라는 의문이 들지도 모르겠다. 그도 그럴 것이 도쿄를 예로 들자면, 일본 최대 철도회사인 JR동일본이 발행하는 IC카드 '스이카'는 JR 전철뿐 아니라 민영 철도와 버스, 모노레일 같은 다른 교통기관에서도 사용할 수 있다. 미리 돈을 충전해두면 티켓을 살 필요도 없다. 나고야나 오사카 등 전국 어디에서나 사용할 수 있어서 출장이나 관광차 일본을 방문한 외국인들에게도 좋은 평가를 받고 있다. RFID^{radio frequency identifier}라는 기술을 통해 비접촉 터치 방식으로 가동되는 이 시스템에 외국인 방문객들은 "판타스틱!"이라며 감탄을 금치 못한다.

MaaS는 각 국가나 경제권별 교통 인프라의 특징이나 상황과 밀접하게 관련되어 있다. 예를 들어 MaaS가 본격적으로 가동되기 시작한 북유럽 핀란드의 수도 헬싱키는 원래 개인 차량으로 출퇴근하는 사람이 많아서 도심의 교통 체증이 심각했다. 그러한 문제를 해결하기 위해 애플리케이션 하나로 전철, 택시, 버스 같은 교통수단을 선택하고 결제할 수 있는 서비스를 도입하면서 이동 수단에 큰 변화가 생겼다.

독일도 국영 철도의 티켓을 구입하기가 의외로 번거롭고 버스 등 다른 교통수단이나 배차 서비스와 연계되지 않았다. 그래서 다임러는 무벨^{Moovel}이라는 브랜드로 MaaS 서비스에 진출하여 여러 교통수단의 예약, 발권, 결제를 한꺼번에 처리할 수 있는 서비스를 시작했다.

이처럼 MaaS의 도입 상황은 국가나 지역의 상황에 따라 다르다. 스웨덴 찰머스 공과대학^{Chalmers University of Technology}에서 발표한 MaaS 레벨 분류에 따르면 통합 정도에 따라 4단계로 나뉜다.

레벨 1: 정보의 통합(스마트폰용 대중교통 정보 애플리케이션의 환승 정보)

레벨 2: 예약과 결제의 통합(다임러의 무벨)

레벨 3: 서비스 제공의 통합(핀란드의 교통 서비스)

레벨 4: 정책의 통합

참고로 일본의 MaaS 도입 상황은 전체적으로 봤을 때 레벨 1(정보의 통합)에 머물러 있다.[7]

앞으로 자율주행은 로보택시라는 형태로 상용화될 가능성이 크다. 여기에 '합승 택시'의 자율주행 버전인 승차 공유(라이드셰어링)를 결합한 이동 수단의 서비스화가 한층 더 발전하는 시나리오도 충분히 가능하다.

일본에서 도요타자동차가 제안한 자율주행차를 활용한 이동식 상점은 MaaS 관련 비즈니스를 소매업이나 요식업 같은 서비스 산업으로 확장할 가능성을 내포하고 있다 **그림 1-12**.

2018년에 도요타자동차와 소프트뱅크가 공동 설립한 모네 테크놀로지스MONET Technologies는 일본형 MaaS 플랫폼을 만들겠다는 목표를 내세웠다.

---

7 한국지능형 교통체계협회에 따르면 한국도 레벨 1에 해당한다.—옮긴이 주

그림 1-12 도요타자동차가 제안한 자율주행차를 활용한 이동식 상점

제공 도요타자동차 주식회사

　이러한 모빌리티 혁명 속에서 철도 등의 다른 이동 수단과 통합해 사용자와의 접점과 결제를 독차지할 플랫폼은 누가 구축하고 장악할지, 전 세계에서 대항전이 펼쳐지고 있다.

PART
02

4차 산업혁명을 실현할 실현할 기술과 콘셉트

가속화하는 컴퓨팅 파워 향상과 컴퓨터의 소형화

클라우드 컴퓨팅

인공지능×데이터

맞춤형 대량 생산

디지털 시뮬레이션

5G

1. 가속화하는 컴퓨팅 파워 향상과 컴퓨터의 소형화

워프 속도의 계산 처리 능력

4차 산업혁명은 기존 산업의 상징이었던 자동차 제조사와 항공기 제조사까지도 변화의 흐름에 올라타게 했다. 도대체 무슨 일이 벌어지고 있는 걸까? 상황을 이해하려면 먼저 컴퓨팅 파워의 상상을 초월하는 진화에 대해 알아야 한다.

우선 컴퓨터의 계산 처리 능력이 얼마나 빨라졌는지 살펴보자. 일본 산업기술 종합연구소 정보·인간공학영역장인 세키구치 사토시 이사에게 부탁해 과거 40년간 슈퍼컴퓨터의 계산 속도가 어떻게 변화했는지 알아보았다 **그림 2-1**.

이 도표의 N=1 그래프는 매년 세계에서 가장 계산 속도가 빠르다고 인정받은 슈퍼컴퓨터가 소수점 이하의 숫자가 들어간 계산

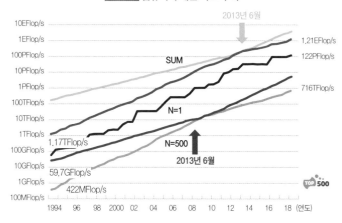

그림 2-1 컴퓨터의 계산 속도 추이

2013년 6월

10EFlop/s
1EFlop/s — 1.21EFlop/s
100PFlop/s — 122PFlop/s
10PFlop/s
1PFlop/s
SUM
100TFlop/s — 716TFlop/s
10TFlop/s
N=1
1TFlop/s
1.17TFlop/s
N=500
100GFlop/s
2013년 6월
10GFlop/s
59.7GFlop/s
1GFlop/s
422MFlop/s
100MFlop/s

1994 96 98 2000 02 04 06 08 10 12 14 16 18 (연도)

출처 http://top500.org/에서 추출하고 산업기술 종합연구소 세키구치 사토시 이사가 보충 기록한 자료

처리를 1초 동안 몇 회나 할 수 있는지를 나타낸 것이다. 세로축은 10배 단위의 지수를 나타낸다. 컴퓨터의 계산 능력은 지금도 엄청난 속도로 늘어나고 있음을 알 수 있다.

덧붙여, 2018년 기준 세계 최고 슈퍼컴퓨터의 계산 속도는 1초당 12경 2,300조 회라는 엄청난 수준에 도달했다. 이에 반해 40년 전 슈퍼컴퓨터의 계산 속도는 1초당 1억 6천만 회였다.

둘을 비교해보면 지난 40년간 컴퓨터의 처리 능력이 7.64억 배나 빨라졌음을 알 수 있다. 40년 전 슈퍼컴퓨터의 계산 속도를 사람이 걷는 속도인 시속 4킬로미터라고 가정하면 7.64억 배는 무려 30.56억 킬로미터에 달한다. 광속이 시속 10.8억 킬로미터이므로 사람이

걷는 속도가 빛의 속도보다 3배 이상 빠른 수준에 도달한 셈이다
그림 2-2 .

SF영화를 보면 우주선이 빛의 속도보다 빠르게 이동하는 것을 뜻하는 '워프Warp'라는 개념이 등장한다. 영화 〈스타워즈〉와 〈스타트렉〉 등의 클라이맥스 장면에서 주인공들이 워프하는 장면을 기억하는 독자도 있을 것이다.

40년 전에 인간의 속도로 걷던 컴퓨터가 이제는 워프 속도 즉 빛보다 3배 빠른 속도로 순식간에 날아다니고 있다. 우리는 컴퓨터가

그림 2-2 40년 만에 이룬 슈퍼컴퓨터의 고속화

2018년 슈퍼컴퓨터 계산 속도 1초당 12경 2,300조 회
↓
122.3PFlop/s÷160MFlop/s=7.64억 배
↑
40년 전 슈퍼컴퓨터 계산 속도 1초당 1억 6,000만 회=160,000,000

Speed: 속도의 기준

4km/h ——→ 1,000km/h   3,000km/h   광속 1,080×10⁹1km/h

2.5억 배

※ PFlop/s는 1초당 계산 횟수를 10의 15제곱인 P(peta, 페타)로 표시한 것이며 미국 오크리지 국립연구소의 슈퍼컴퓨터 실적이다.

출처 산업기술 종합연구소 세키구치 사토시 이사 작성

이렇게 빠른 연산 처리 능력을 갖춘 시대를 살아가고 있다. 일상 속에서 '어쩐지 우리 주변의 변화 속도가 점점 더 빨라지는 것 같다'고 느꼈다면 그 배경에는 이러한 컴퓨터의 진화가 숨어 있다.

더욱더 빨라지는 계산속도

놀랍게도 슈퍼컴퓨터의 연산속도는 여전히 성장세를 멈추지 않고 있다. 2018년 10월 세계 최고 수준의 반도체 제조사와 장비 제조사 관계자들이 미국 몬터레이에 집결했다. 일본에서도 미쓰비시전기, 기가포톤, 대일본인쇄DNP, 도쿄일렉트론, 니콘 등의 대기업이 참가했다.

이 자리에서는 인텔과 세계 최대 파운드리[8]인 대만 TSMC의 2033년까지 예정된 마일스톤milestone(수주 계획)을 바탕으로 반도체 칩의 성능과 제조 계획이 기술적으로 실현 가능한지가 검토되었다. 그 결과 제조사와 장비 제조사 모두 '무어의 법칙'을 기반으로 한 반도체 업계의 제조 계획이 실현 가능하다고 보증했다. 이것은 2018년 기준 최첨단 반도체 제조 기술인 7나노미터(7×1mm의 100만분의 1) 공정으로 제조되는 반도체가 점점 더 미세해짐을 의미한다.[9]

무어의 법칙이란 무엇일까? 컴퓨터의 성능은 회로에 들어간 트

---

8 파운드리 다른 기업에서 반도체 설계도를 받아 위탁 생산하는 기업. ─옮긴이 주
9 2020년에는 5나노 공정으로 양산이 진행 중이다. ─옮긴이 주

랜지스터(반도체에서 생긴 전기의 흐름을 조절하는 부품)의 수로 나타낸다. 1965년 미국 인텔의 창업자 중 한 명인 고든 무어Gordon Moore는 집적 회로에 넣을 수 있는 트랜지스터 수가 '1.5년마다 2배씩 증가한다'고 예상했다.

집적 회로를 손수건에 비유하면 1.5년 후에 반으로 접은 손수건에 들어가는 트랜지스터의 개수는 2배로 늘어난다. 그 손수건을 또 반으로 접은 크기에 들어가는 트랜지스터의 개수가 3년 후에는 4배, 4.5년 후에는 16배로 기하급수적으로 늘어나는 것이다. 이 법칙대로라면 회로 하나에 들어가는 트랜지스터 칩의 개수는 n년 후에 P배가 되므로 P=2n/1.5이 된다. 이것이 무어의 법칙이다.

무어의 법칙은 50년 이상 거의 예상대로 실현되었다. 2018년 무어의 법칙을 기반으로 2033년까지의 반도체 제조 계획을 세웠다는 말은 앞으로도 컴퓨터의 성능이 더 진화할 것으로 전망된다는 의미다.

슈퍼컴퓨터의 계산속도는 반도체 제조사가 반도체를 3차원 입체 구조로 쌓아 올리는 등의 지속적인 기술 개발을 통해 간신히 높여왔다. 그런데 무어의 법칙이 여전히 유효하다면 앞으로는 3차원 구조 같은 고도의 반도체 제조 장비 없이도 저렴하게 반도체를 만들 수 있는 비즈니스 모델이 탄생할 수도 있다. 그렇게 되면 예컨대 중국이나 한국 등도 큰 혜택을 누릴 수 있는 시대가 될지도 모른다.

소형화하는 컴퓨터 '스마트 더스트'의 세계

그림 2-3 은 IBM이 실제로 개발에 성공한 초소형 컴퓨터다. 오른쪽 소금 알갱이 안에 보이는 작은 검은색 점이 컴퓨터다.

앞으로 컴퓨터와 센서는 기하급수적인 속도로 작아질 것이다. 이것이 스마트 더스트 혹은 똑똑한 먼지라고 불리는 초소형 컴퓨터의 세계다.

사물인터넷 분야에서는, 지금도 센서가 작아졌다고 말하지만, 앞으로는 눈에 보이지 않는 수준까지 작아져서 우리 주위를 에워싸게 될 것이다. 그리고 그 센서가 읽어낸 데이터를 역시 눈에 보일까 말까한 크기의 컴퓨터가 읽고 분석하는 시대가 올 것이다.

게다가 계산속도가 빨라지고 크기가 작아지는 것만이 전부가 아

그림 2-3 | IBM이 개발한 초소형 컴퓨터

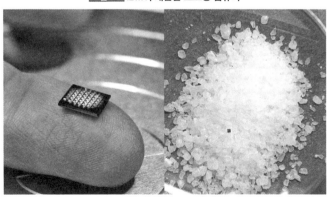

제공 일본IBM

니다. 반도체와 컴퓨터가 깜짝 놀랄 만큼 저렴해져서 가격 파괴가 일어날 것으로 예상된다.

'컴퓨터가 엄청나게 진화했다지만 나는 실감이 잘 안 나던데, 전문가들이라면 모를까 내가 일하는 업계와는 상관없는 일이야'라고 생각하는 독자가 많을지도 모르겠다. 하지만 컴퓨팅 파워가 향상되어 앞으로 인공지능 등의 계산 비용이 낮아지면 비즈니스 모델은 크게 달라질 것이다. 자율주행처럼 실현을 코앞에 둔 기술은 비용이라는 장벽이 단숨에 무너지면서 상용화가 앞당겨질 것이다.

2. 클라우드 컴퓨팅

클라우드화 하는 세계

4차 산업혁명이 초래한 디지털 기술의 진화로 다양한 산업의 비즈니스 모델이 크게 변화하고 있다. 디지털 기술의 진화는 앞서 설명한 계산 처리 속도의 고속화 등 컴퓨팅 파워만 크게 향상시킨 것이 아니다. 또 한 가지 획기적인 대변화가 일어나고 있는데, 바로 클라우드 컴퓨팅의 등장이다.

40여 년 전에는 기업이 컴퓨터와 서버를 구입하는 시대였다. 당시에 컴퓨터의 힘을 이용하려면 기업이 자기 돈으로 컴퓨터를 구입해 직접 가동하는 수밖에 없었다. 바꿔 말해 고성능 컴퓨터를 살 만큼 자본이 충분한 기업만이 큰 컴퓨팅 파워를 사용할 수 있었다. 투자 여력이 부족한 중소기업이나 개인은 최첨단 컴퓨팅 파워에 접근할 수 없었던 것이다.

그런데 클라우드 컴퓨팅이 이런 상황을 깨트렸다. 클라우드 컴퓨팅이란 구름을 뜻하는 영어 단어 'Cloud'에서 유래한 말로 IT 기업이 보유한 컴퓨터를 가리킨다. 컴퓨터를 사용하는 기업이나 개인이 IT 기업이 소유한 컴퓨터를 인터넷을 경유해 사용할 수 있게 한 서비스이다. 최근 들어 국내에서도 이 서비스를 이용하는 기업과 개인이 급격히 늘고 있다.

회사나 개인이 대형 컴퓨터를 소유하지 않더라도 데이터를 저장해야 할 때나 다양한 애플리케이션을 이용해야 할 때 온디맨드10로 쓸 수 있게 되었다. 그것도 IT 기업의 최첨단 컴퓨팅 파워를 이용해서 말이다.

다시 말해 '컴퓨터나 서버를 구입할 돈이 있어야만 최고 수준의 컴퓨팅 파워를 활용할 수 있는 세상'에서 '클라우드를 이용하면 누구나 최고 수준의 컴퓨팅 파워를 활용할 수 있는 세상'으로 전환한 것이다. 이용료는 클라우드를 사용한 만큼만 내면 되므로 사전에 자신에게 필요한 용량을 고려해 용량이 넉넉한 컴퓨터나 서버를 살 필요가 없다.

이제는 우리도 스마트폰이라는 손바닥만 한 컴퓨터나 태블릿 컴

---

10 **온디맨드**On-demand 이용자가 원할 때 언제든지 네트워크를 통해 필요한 서비스를 제공하는 방식. —옮긴이 주

퓨터로 인터넷이나 4G 등의 통신 시스템을 경유해서 간단히 클라우드 컴퓨팅을 활용할 수 있게 되었다. 전 세계에서 클라우드 컴퓨팅의 활용이 늘어나는 추세다. 클라우드 컴퓨팅을 이용하면 누구나 최첨단 컴퓨팅 파워를 자유로이 활용할 수 있는 시대에 접어든 것이다.

크게 달라지는 컴퓨터 산업

전 세계에서 클라우드 컴퓨팅의 이용이 늘어나면서 컴퓨터 산업의 구조는 계속해서 변화하고 있다. 컴퓨터를 판매하는 시대에서 인터넷을 경유해 컴퓨터를 빌려주는 시대로 전환하고 있는 것이다.

간단히 말하자면 전 세계의 컴퓨터 서버가 클라우드라고 불리는 거대 IT 기업의 데이터센터로 대체되고 있는 것이다. 클라우드 서비스를 제공하는 거대 IT 기업은 디지털 플랫포머로서 전 세계의 컴퓨터 서버가 집중되어 막대한 컴퓨팅 파워를 사용할 수 있게 되었다 **그림 2-4**.

이러한 현상은 전 세계에서 부의 대이동이 이루어지고 있음을 나타낸다. 클라우드 서비스가 늘어남에 따라 지금까지 전 세계 컴퓨터의 서버를 생산했던 제조사는 서버 매출이 줄어들 것으로 예상된다. 한편 클라우드 컴퓨팅 서비스를 제공하는 IT 기업은 이용자가 지불하는 서비스 이용료로 수입이 계속해서 늘어나고 있다.

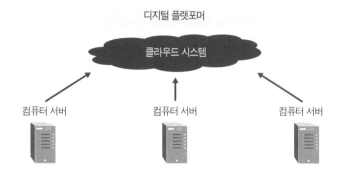

그림 2-4 컴퓨터가 디지털 플랫포머에게 집중

디지털 플랫포머

클라우드 시스템

컴퓨터 서버   컴퓨터 서버   컴퓨터 서버

클라우드 서비스는 이용자가 늘어나면 늘어날수록 매력적인 애플리케이션을 제공하는 IT 서비스 기업들이 모여들면서 '생태계'가 형성된다. 이처럼 애플리케이션 서비스를 제공하는 기업이라면 누구나 참여할 수 있는 형태를 오픈 플랫폼이라고 부른다.

매력적인 플랫폼에는 점점 더 많은 이용자와 서비스 제공자가 모여든다는 특징이 있다. 질 높은 서비스가 새로운 이용자를 불러들이고 새로운 데이터를 만들어낸다. 그리고 이 새로운 데이터를 통해 알고리즘과 서비스가 개선된다. 이러한 현상을 네트워크 효과라고 부른다.

게다가 클라우드 서비스의 발전은 디지털 기술의 발전으로도 이어진다. 클라우드 서비스는 원래 남는 컴퓨터를 빌려주면서 시작되었는데, 이용자가 늘어나면 점점 더 많은 컴퓨터 서버가 필요하다. 실제로 컴퓨터 서버를 모아두는 데이터센터가 전 세계적으로 확장되는 추세다. IT 기업 입장에서는 데이터센터를 확장하면 늘어난 컴퓨팅 파워를 본연의 IT 업무에도 활용할 수 있다. 그 결과 디지털 플랫포머의 인공지능 개발 같은 디지털 기술 수준은 한층 더 높아질 것이다.

또 클라우드 서비스 규모가 커질수록 플랫포머의 비용이 점점 더 낮아져서 이용자가 더 늘어나고, 그 결과 더 좋은 애플리케이션과 서비스가 더 많이 탄생하는 선순환이 이어질 것이다.

컴퓨터 사용자에게 찾아온 기회

지금까지 설명했듯 컴퓨터가 발명된 이후 업계 환경은 크게 달라졌고 새로운 경쟁이 끊임없이 생겨나고 있다. 하지만 이러한 상황은 이용자 입장에서 보면 의미가 완전히 달라진다. 이용자에게는 천 년에 한 번 있을까 말까한 기회가 찾아온 것이다.

4차 산업혁명으로 인해 최신형 컴퓨터를 사지 않고도 쓰고 싶을 때 마음껏 쓸 수 있게 되면서 인공지능의 활용을 비롯해 다양한 분야에 커다란 영향을 미치고 있다. 어릴 때부터 스마트폰을 능숙하게 다뤄온 디지털 세대에게 클라우드 컴퓨팅은 지극히 평범한 기술이다.

한편, 클라우드 컴퓨팅 사용 시 보안이 취약하지는 않을지 불안해하는 사람도 있을 것이다. 하지만 실제로는 독자적으로 보안 대책을 세우는 쪽이 더 위험하다. 거대 IT 기업에는 최첨단 기술과 노하우가 있다. 앞으로는 거대 IT 기업의 전문가와 논의하며 자사에 가장 적합한 보안 수준의 클라우드 컴퓨팅 서비스를 이용하는 시대로 전환해 갈 것이다.

20세기 대형 발전소와 21세기 디지털 플랫포머

주제를 조금 벗어난 이야기지만, 전기를 사용하기 시작한 2차 산업혁명 시대의 에피소드를 소개하겠다. 앞으로 클라우드의 방향성을 추측하는 데 참고할 만한 내용이기 때문이다.

2차 산업혁명의 여명기였던 20세기 초, 미국의 공장에서는 당시 최첨단 기술인 전기를 이용한 생산이 시작되었다. 처음에는 각 공장마다 대형 발전기를 설치해 제어하고 유지 및 보수해가며 전기를 얻는 방식이었는데, 이는 대단히 비효율적이었다.

이에 초대형 발전소에서 전기를 대량으로 생산해 공장에서 필요한 때에 필요한 양만큼만 전송하는 방식이 등장했다. 이 효율적인 방식을 생각해낸 것이 20세기 발전 산업의 최대 거인 GE제너럴일렉트릭이었다. GE는 거대 발전소에서 대형 터빈과 고도의 발전 기술을 이용해 생산한 전기를 회사와 가정에 공급하는 시스템을 만들었고, 미국 시가총액 1위의 세계 최강 기업 자리에 오르며 20세기 산업을

그림 2-5 20세기 시스템에서 21세기 시스템으로

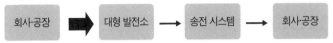

20세기 시스템: 기업이나 공장에 필요한 만큼의 전력을 공급

자가 발전

회사·공장 ⇒ 대형 발전소 → 송전 시스템 → 회사·공장

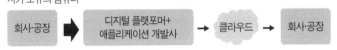

21세기 시스템: 기업이나 공장에 필요한 만큼의 데이터와 인공지능 분석을 공급

자기 소유의 컴퓨터

회사·공장 ⇒ 디지털 플랫포머+애플리케이션 개발사 → 클라우드 → 회사·공장

선도했다.

21세기인 현재 20세기 대형 발전소에 해당하는 것이 데이터센터이자 클라우드 컴퓨팅을 제공하는 거대 IT 기업 즉 디지털 플랫포머라고 생각할 수 있지 않을까? **그림 2-5**

지금까지는 기업과 공장들이 각각 컴퓨터를 보유해야 했지만 클라우드 컴퓨팅이 등장하면서 이제는 컴퓨터를 쓰고 싶을 때 필요한 만큼 쓸 수 있게 되었다. 콘센트만 꽂으면 전기를 사용할 수 있듯 스마트폰 등으로 인터넷에 접속만 하면 인공지능과 IT 기술을 이용할 수 있는 것이다. 4차 산업혁명 시대의 고성능 정보 처리 공장인 클라우드 컴퓨팅 플랫폼은 지금도 계속해서 성장하고 있다.

3. 인공지능 × 데이터

인공지능은 경제, 산업, 사회를 완전히 바꿔 놓을까?

50년 이상의 역사를 자랑하는 싱크탱크인 일본경제조사협의회에 일본의 인공지능 일인자와 기업 경영자들이 모여 심도 있는 논의를 나누는 자리에서의 일이다.

'인공지능이 도처에서 사용되는 경제사회'에서 일본 기업이 어떻게 대처해야 할지, 그리고 일본은 어떤 방향으로 나아가야 할지 등을 논의할 목적으로 시작된 이 연구회에서 일본의 대표적인 인공지능 연구자 중 한 명인 일본 산업기술 종합연구소 인공지능 연구센터의 츠지이 준이치 소장이 본질을 꿰뚫는 발언을 했다.

"일본 전체가 인공지능 열풍으로 들끓고 있습니다. 그렇다고 해서 인공지능이 미래를 어떻게 바꿔 놓을지, 일자리를 빼앗아 가지는 않을지, 수동적인 자세로 걱정할 필요는 없다고 생각합니다. 인공지능은 기술입니다. 기술은 인간이 이용하는 것이죠. 인공지능이라는 기술을 활용해 어떤 사회 혹은 미래를 만들고 싶은지에 집중해서 합의점을 찾아 나가는 것이 바람직하지 않을까요?"

츠지이 소장의 날카로운 발언에 고개를 끄덕이지 않을 수 없었다. 기업 차원에서 생각해보면 이 말에는 중요한 포인트가 있다. 바로 '인공지능은 목적이 아니라 도구'라는 점이다. 기업에서 인공지능을 사용하고자 한다면 저마다 그 목적을 정해야 한다. 그 목적은 IT 부서 같은 기술 관련 부서에서 결정할 수 있는 것도 아니다. 인공지능을 어떻게 이용할지 결정하는 것은 기업 경영 그 자체다. 인공지능에 대한 전략을 하나로 정리해 결단을 내리는 일은 기업 경영자의 몫인 것이다.

모든 기업가는 인공지능 열풍에 이리저리 휩쓸리지 않고 인공지능에 대한 지식과 활용 능력을 키워 나가야 한다. 나아가 유럽과 미국, 중국을 중심으로 한 여러 국가의 인공지능 정책에 정통하고 학계 일선의 논의에 가담할 수 있는 인재를 육성해 브레인으로서 적극 활용해 나가야 한다.

인공지능은 데이터와 결합해야 비로소 가치를 창출한다

인공지능 전문가가 모인 연구개발 기관에 기업 측에서 은밀하게

접촉해오는 일이 있다고 한다. "사장님이 우리 회사도 슬슬 업무에 인공지능을 활용했으면 좋겠다며 저희에게 맞는 인공지능을 사 오라고 하시는데요. 인공지능은 어디에서 살 수 있나요?"

1970년대 전자 기술을 활용했던 3차 산업혁명 시대에는 컴퓨터나 관련 소프트웨어를 구입하면 그 기술을 도입할 수 있었다. 그러나 인공지능은 그 도입 목적이 뚜렷하지 않으면 제 기능을 하지 못하는 소프트웨어다.

여기에 두 번째로 중요한 포인트가 있다. 인공지능은 데이터와 결합해야 비로소 가치를 창출한다는 점이다. 인공지능과 데이터는 동전의 양면과 같은 관계라고 이해해도 좋을 듯하다.

조금 거친 비유이긴 하지만 인공지능을 자동차 엔진이라고 생각

그림 2-6 '인공지능×빅데이터 분석'을 자동차의 '엔진×연료'에 비유

인공지능 ✖ 빅데이터

〈가령〉 ✖ 연료: 휘발유

예: 제조 분야
　　안면 인식, 음성 인식
　　예측, 실행 프로세스 등

새로운 비즈니스 모델

해보자 **그림 2-6**. 아무리 성능이 뛰어난 엔진을 구매해도 연료(예를 들어 휘발유)를 넣지 않으면 엔진은 작동하지 않고 자동차는 움직이지 않는다.

이때 휘발유에 해당하는 것이 데이터이고, 자동차는 각 기업의 비즈니스 모델을 나타낸다. 예컨대 커다란 엔진이 달린 트럭을 사서 운송업을 시작하고 싶은지, 가속력이 높은 엔진이 달린 스포츠카를 사서 가족과 함께 주말에 해안가로 드라이브하러 가고 싶은지 등, 자동차로 무엇을 하고 싶은지 목적이 있어야 비로소 어떤 차가 필요한지 생각할 수 있다. 인공지능도 마찬가지다.

한편 데이터만 열심히 모아봤자 인공지능이나 사물인터넷을 가동시키는 소프트웨어와 디지털 기술은 제 기능을 하지 못한다. 이 점을 이해하지 못하면 인공지능 도입만이 목적이 되어버리거나, 아무것도 만들어내지 못하는 데이터만 마구잡이로 수집해서 무엇을 창출하고 싶은지 그 목적이 흐릿해지는 상황에 처하게 된다.

'어떤 비즈니스 모델을 만들어내고 싶은지' 인공지능의 도입 목적을 깊이 고민하고 자사에 도움이 되는 데이터와 자사의 강점이 무엇인지 정확히 파악하는 것, 그것이 인공지능과 빅데이터를 활용하는 포인트다.

한 보도에 따르면, 중국의 거대 IT 기업 알리바바의 창업자 마윈은 강연에서 "세상은 지금 IT 시대에서 데이터 기술 시대로 넘어가고 있다. 데이터는 석유와 마찬가지로 경제 활동의 원동력이 된다"
고 말했다.

21세기의 휘발유는 데이터다. 20세기에 휘발유 즉 석유를 지배
한 록펠러가 경제를 지배했듯, 21세기의 휘발유인 데이터와 인공
지능을 지배하는 기업과 기업가가 21세기 경제를 지배할 것이다.

모든 산업을 변화시키는 '인공지능×데이터'

그렇다면 어떤 분야에서 '인공지능×데이터'화가 진행될까? '인공지
능×데이터'는 모든 산업을 변화시킨다는 것이 인공지능 일인자들
의 공통된 인식이다.

일본 분카文化방송에서 생방송으로 진행되는 〈성인 대학〉이라는
라디오 프로그램에 출연해 4차 산업혁명에 관해 설명할 때의 일이
다. 농업에 종사한다는 청취자가 이런 질문을 했다.

"저는 사가 현에서 낙농업을 하는 사람인데요. 제가 하는 일도 4
차 산업혁명의 신기술과 관련이 있을까요?"

나는 무의식중에 큰소리로 "물론입니다! 농업이야말로 이 기술
을 이용해 바꿔 나갈 수 있는 분야죠"라고 대답했다.

농업계에서도 인공지능을 비롯한 디지털 기술을 도입해서 기상
데이터나 드론으로 영상 데이터 등을 수집하고, 수집한 대량의 데
이터를 순식간에 처리하여 생육 상태 관리나 병충해 대책 등에 활

용할 수 있다. 이 기술은 농업, 의료, 제조업 등 모든 분야에 적용 가능하다.

만일 독자 여러분이 '내가 하는 일은 인공지능×데이터와 상관없다'라고 생각했다면 지금 당장 그 생각을 바꿔야 한다. 과거에 전기가 활용되면서 모든 산업이 변화했듯 '인공지능×데이터'를 활용해 자신이 하는 일을 변화시켜 나가면 새로운 비즈니스 모델을 만들 수 있다. 지금이 절호의 기회다.

4. 맞춤형 대량 생산

세계 제조업의 진화

4차 산업혁명 시대에는 제조업의 비즈니스 모델도 크게 변화할 것이다.

그림 2-7을 보자. 독일의 인더스트리 4.0 프로젝트를 추진하는 중심 조직 중 하나인 프라운호퍼Fraunhofer 연구소에서 세계 제조업의 진화 역사를 정리한 그림이다. 세로축은 생산량을, 가로축은 생산하는 품종 수를 나타낸다.

오른쪽 아래의 1850년 시점은 수작업이 주류를 이루던 시대였으나 그 대신 다품종이 생산되었다. 시간이 흘러 20세기 초반, 2차 산업혁명으로 미국에서 소품종 대량 생산이 시작되면서 포드의 모델 T 생산이 시대를 선도했다.

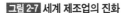

그림 2-7 세계 제조업의 진화

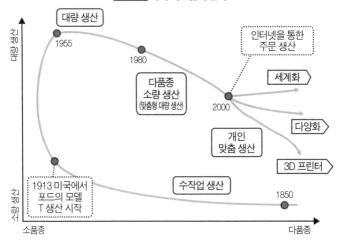

출처 Yoram Koren, *The Global Manufacturing Revolution*을 바탕으로 Thomas Bauenhansl
(프라운호퍼 연구소 IPA 소장)이 작성한 자료를 정리

그 후 대량 생산 시대의 절정을 지나 가치관이 다양해지면서 고
객의 취향이나 니즈를 반영한 개인 맞춤 제품에 대한 욕구가 높아
졌다. 독일은 이러한 변화를 디지털화, 모듈화한 공장과 디지털 가
치 사슬로 대응하려 하고 있다.

맞춤형 대량 생산이란 무엇인가

'맞춤형 대량 생산mass customization'은 독일의 공장 디지털화 모델 중
하나다. 이것을 극단까지 파고들어 내린 결론이 '스마트 공장을 통한
주문 제작' 즉 디지털 기술을 활용한 일대일 맞춤형 생산의 실현이다.

전작에서는 '맞춤형 대량 생산'을 '다품종 소량 생산'이라고 번역했는데, 집필 당시 이 용어의 번역을 두고 출판사 편집자와 의견이 갈렸다. 이 단어를 정확히 설명하면 '매스Mass'는 '대량'이라는 뜻이고, '커스터마이제이션Customization'은 이용자의 니즈에 맞춰 설정을 변경하는 것 즉 개별적으로 주문 제작한다는 뜻이다.

독일이 생각하는 '맞춤형 대량 생산'이란 다품종이든 소품종이든 상관없이 고객의 개별 니즈에 맞춰 주문 제작한 제품을 대량 생산과 똑같이 저렴한 비용으로 생산하여 판매할 수 있도록 디지털 기술로 실현하는 것이다. 편집자는 이 개념은 복잡하므로 '다품종 소량 생산'이라고 표현하는 편이 독자들이 이해하기 쉽다는 의견이었다. 그래서 최종적으로는 '다품종 소량 생산'이라고 표현하게 되었다.

어쨌든 중요한 것은 독일은 고객 니즈에 맞춘 제품을 대량 생산과 똑같이 저렴한 비용으로 탄력적이고 신속하게 생산할 수 있는 구조와 비즈니스 모델 구축을 목표로 하고 있다는 점이다.

일본 기후 현에서 기업 경영자를 대상으로 강연회를 했을 때의 일이다. 4차 산업혁명에 대한 외국 기업의 대응 현황을 주제로 한 강연이 끝나고 주최 측 대표인 현지 기업가가 인사를 하러 단상으로 올라왔다.

"우리 회사는 오랫동안 의류 제조 한길만을 걸어왔습니다. 저희 나름대로 최선을 다했습니다. 하지만 지금 일본 의류업계 경영자들 사이에서는 '얼마나 팔릴지 모르는데 대량으로 제품을 만드니 재고가 산더미처럼 쌓인다. 그리고는 울며 겨자 먹기로 가격을 할인해서 판매한다. 이런 방식을 되풀이하는 하는 업계는 점점 더 힘들어질 뿐이다. 과감하게 이런 방식을 중단하자'는 목소리가 높아지고 있습니다. 오늘 강연을 들으면서 4차 산업혁명의 맞춤형 대량 생산이 해답일지도 모르겠다는 생각이 들더군요."

그 말을 들으며 크게 고개를 끄덕였다. 물건을 만들어서 파는 비즈니스 모델에서는 이 기업가가 지적했듯 재고를 산더미처럼 떠안을 위험이 있다. 원가를 낮추기 위해 대량으로 생산하는 비즈니스 모델을 전제로 하기 때문이다. 하지만 4차 산업혁명 기술을 활용하면 정반대의 발상으로 새로운 비즈니스 모델을 시작할 수 있다.

'고객 관점'의 맞춤형 대량 생산 모델

그림 2-8 을 보자. 가로선 윗부분이 디지털 세계, 아랫부분이 실제 현실 세계라고 생각하면 된다. 먼저 '고객 관점'에서 서비스를 재검토한다. 디지털 마케팅이라고 적힌 오른쪽 고리 모양 화살표 부분이다. 고객이 자신에게 딱 맞는 맞춤 제품을 온디맨드로 주문하면 왼쪽 고리 모양 화살표 부분인 스마트 공장에서 제품을 만들어 고객에게 발송한다.

이런 방식으로 제조하면 재고가 산더미처럼 쌓이기는커녕 재고

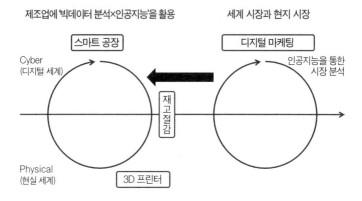

그림 2-8 인공지능을 활용한 디지털 마케팅과 제조 공정의 융합

제조업에 '빅데이터 분석×인공지능'을 활용　　　세계 시장과 현지 시장

자체가 없어진다. 고객이 필요한 만큼만 제품을 만들게 되므로 재고 절감의 극치다.

　그것이 정말 가능할까 의문을 갖는 사람도 있을 것이다. 그러나 독일의 인더스트리 4.0 프로젝트에서는 이미 이것을 실현하려는 움직임이 시작되었다. 디지털이나 인공지능의 힘을 이용해 필요한 것을 최종적으로는 한 개 단위로 주문받아 생산하고, 다품종이라 해도 대량 생산과 똑같은 원가로 생산해서 판매할 수 있는 디지털 가치 사슬을 완성하겠다는 계획이다.

　제품 마케팅이 탁월해서 테슬라처럼 고객이 알아서 주문한다면 온디맨드형 생산이 얼마든지 가능하다. 그 정도는 아니더라도 제품 판매와 관련된 빅데이터를 통해 고객이 어떤 제품을 얼마만큼,

어느 시기에 원하는지 분석하는 방식으로 접근할 수도 있다. 또 특정 상품군의 판매 데이터를 개인정보를 숨긴 상태에서 분석하고 얻은 결과를 역으로 그 상품을 판매하는 회사에 제공하는 비즈니스도 시작되었다.

5. 디지털 시뮬레이션

4차 산업혁명을 이끄는 가상 물리 시스템^{CPS}

만일 인더스트리 4.0을 추진하는 독일 관계자에게 "4차 산업혁명은 IT 기술과 전자 기술을 활용했던 3차 산업혁명과 어떤 부분이 다른가요?"라고 질문했다고 하자. 아마도 그 관계자는 이렇게 대답할 것이다. "4차 산업혁명에서는 가상 물리 시스템을 사용합니다."

그림 2-9는 독일에서 1~4차 산업혁명을 정리한 내용이다. 1차 산업혁명은 18세기 말 영국에서 시작된 수력과 증기를 활용한 공장의 기계화이다. 2차 산업혁명은 20세기 초 미국에서 시작된 전기를 활용한 대량 생산, 3차 산업혁명은 1970년대부터 시작된 전자 기술과 정보통신 기술을 활용한 자동 생산이다.

그리고 21세기 현재 4차 산업혁명이 시작되었으니 그 핵심이 바

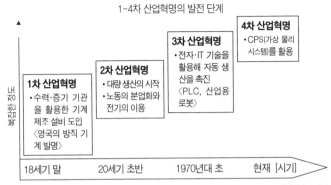

1차: 기계화(수력·증기 기관) 2차: 전기 도입(대량·분업 생산) 3차: 자동화(전자·IT 기술)

1~4차 산업혁명의 발전 단계

4차 산업혁명
• CPS(가상 물리 시스템)를 활용

3차 산업혁명
• 전자·IT 기술을 활용해 자동 생산을 촉진 〈PLC, 산업용 로봇〉

2차 산업혁명
• 대량 생산의 시작
• 노동의 분업화와 전기의 이용

1차 산업혁명
• 수력·증기 기관을 활용한 기계 제조 설비 도입 〈영국의 방직 기계 발명〉

18세기 말   20세기 초반   1970년대 초   현재 [시기]

출처 http://www.bmbf.de/le/9072.php에서 추출해 번역

로 가상 물리 시스템CPS; Cyber Physical System이다. C^{Cyber}는 디지털을 뜻하며 제1장에서 살펴본 최첨단 컴퓨팅 파워와 인공지능을 활용할 수 있는 세계다. P^{Physical}는 우리가 생활하는 현실 세계, 즉 실제 세상을 가리킨다. 요컨대 가상 물리 시스템이란 디지털 세계와 현실 세계를 연결하는 시스템이다.

좀 더 자세히 설명하면 현실 세계의 데이터를 디지털 세계로 옮겨서 인공지능과 알고리즘으로 분석 및 처리한 다음 다시 현실 세계로 피드백 하는 구조다. 그 과정은 한 번으로 끝나는 것이 아니라 고리처럼 빙글빙글 돌아간다.

이 구조에 가장 먼저 주목하고 연구를 지원한 곳은 미국 국립과학재단NSF; National Science Foundation이다. NSF와 미국 정부 관련 기관은 2006년부터 가상 물리 시스템의 구조 연구를 후원했다. 우연히도 그 이듬해인 2007년에는 애플의 스티브 잡스가 훗날 현실 세계와 디지털 세계를 연결하는 최대의 채널이 될 스마트폰 '아이폰'을 세상에 선보였다.

이 기술이 세계 산업의 구조를 크게 변화시킬 것을 꿰뚫어 본 독일 역시 국가 프로젝트의 기반에 가상 물리 시스템을 도입하고 이를 활용해 디지털화를 추진했다.

'디지털 트윈'으로 스마트 공장을 실현하다

이번에는 가상 물리 시스템을 제조업에 적용해 생각해보자. 센서와 생산 기기, 제품의 자동 통신 기술을 이용해 스마트 공장(물리적 공간)에서 수집한 현장 데이터를 IT 기기(디지털 공간)에 축적한다. 그리고 IT 기기상에 실제 공장을 그대로 재현해 시뮬레이션 분석한 다음 설계부터 생산 계획, 물류, 부품의 공급과 조달까지 가장 효율적이고 최적화된 제조를 실현한다. 이 기술은 마치 디지털상에 현장과 똑같이 생긴 쌍둥이 공장을 짓는 듯하다고 해서 디지털 트윈 digital-twin이라고 불린다.

그림 2-10 의 자동차 공장을 보자. 이것이 독일이 생각하는 디지털 트윈 이미지다. 오른쪽 절반은 실제 자동차 공장 라인이다. 이에 반

그림 2-10 자동차 공장의 디지털 트윈

사진 제공: 지멘스

해 왼쪽 절반은 컴퓨터 속 디지털 공간에 오른쪽의 실제 공장과 일
치하는 쌍둥이트윈 공장을 구현한 것이다. 컴퓨터 뒤쪽으로 보이는
부분은 디지털상에 공장이 재현된 이미지다. 오른쪽의 실제 공장
이 왼쪽의 디지털상의 공장과 쌍을 이루는 상태, 즉 디지털 트윈이
실현된 것이다.

실제 공장에서 생산이 진행되면 왼쪽의 디지털상에도 생산 진행 상태가 똑같이 반영되어 '시각화'된다. 왼쪽의 디지털 공간에서는 인공지능의 딥러닝 기술 등을 이용해 디지털 모형을 만들거나 각종 시뮬레이션을 할 수 있어서 수많은 제조사에서 적극적으로 도입하고 있다.

다음 장에서 아디다스의 맞춤형 대량 생산 사례를 소개할 때 이야기하겠지만, 맞춤형 대량 생산의 전제가 되는 '모듈 생산(111쪽 참조)'에도 이 디지털 트윈 기술이 사용된다. 가상 물리 시스템은 최종적으로 가치 사슬 전체를 디지털의 힘으로 효율화하여 최대의 가치를 창출한다. 이것이 독일의 인더스트리 4.0에서 가장 중요하게 여기는 구조다.

'우리 공장은 대부분 수작업으로 생산하니까 당분간은 디지털화와 상관없겠다'고 생각한다면 해외를 포함해 자기 회사가 속한 가치 사슬의 디지털화 동향을 예의 주시할 필요가 있다.

독일의 이웃나라 체코에 있는 일본상공회의소에서 강연 의뢰를 받아 프라하를 방문했을 때의 일이다. 일본 자동차 부품 제조사 덴소DENSO를 퇴임한 후 체코 투자청 장관 고문을 맡고 있는 나카에 세이지가 강연을 의뢰한 이유에 대해 다음과 같이 설명했다.

"체코에는 일본 기업의 공장이 많습니다. 공장에서 만든 부품의 판매처는 사실 독일 제조사가 압도적으로 많죠. 그렇다 보니 독일에서 인더스트리 4.0 프로젝트가 더 진전된다면 머지않아 디지털 정보를 넘겨야만 일본 기업이 만든 부품을 납품할 수 있는 시대가 올지도 몰라서 걱정이 이만저만이 아닙니다. 체코 정부도 독일의 인더스트리 4.0 정책을 참고해 디지털 공장과 디지털 서비스 제공을 지원하는 국가 프로젝트를 시작했습니다."

나카고에 고문의 날카로운 예측에 대단히 놀랐다. 현재 전 세계 자동차 산업을 중심으로 디지털화를 진행하고 있는 대형 제조사들이 부품 구입 조건에 부품 가동을 보증하는 디지털 시뮬레이션을 추가하는 방안을 검토 중이라고 한다. 실제로 디지털 시뮬레이션을 통한 제품 보증을 도입하려고 준비 중인 대형 제조사의 이름도 거론되고 있다.

부품 공급사도 알게 모르게 동일한 준비를 진행하고 있을지도 모른다. 그리고 이러한 변화에 대처하지 못한다면 가치 사슬에서 제외될 가능성도 있다. 제조업의 디지털화는 앞으로 중요한 화두로 부상할 것이다.

6.5G

세계에서 시작된 5G

2018년 12월 미국 통신사와 한국 통신사가 거의 동시에 세계 최초로 5G 상용화 서비스를 시작한다고 발표해 화제가 되었다. 일본을 포함한 세계 여러 국가에서도 2020년부터 5G 기지국을 설치해 본격적으로 서비스를 실시할 예정이다.

5G의 활용이란 현재 사용 중인 4G 통신 기술이 새로운 차세대 이동 통신 시스템으로 바뀌는 것을 가리킨다. 통신 인프라가 갖춰지면 4G보다 20~100배 빠른 '초고속·초대용량 통신'이 가능해지고, 데이터 전송 지연 시간을 4G의 10분의 1로 줄인 '초저지연', 1제곱킬로미터당 100만 대가 접속할 수 있는 '다수 동시 접속'이 실현된다. 5G 통신 기술은 현실 세계의 데이터를 디지털 세계로 빠르게

전송하여 압도적인 속도로 대용량 피드백을 받을 수 있게 한다.

5G는 인공지능과 빅데이터를 활용해 부가 가치와 이익을 높이는 비즈니스 모델, 자율주행이나 스마트 공장의 상용화 같은 더 높은 수준의 사물인터넷을 낮은 비용으로 실현할 수 있게 하는 기술로 주목받고 있다.

4차 산업혁명에서 5G의 역할

5G에 대한 기대가 점점 더 높아지고 있다. 그렇다면 5G는 4차 산업혁명에서 어떤 역할을 할까? 단적으로 표현하자면 그림 2-11 과 같다.

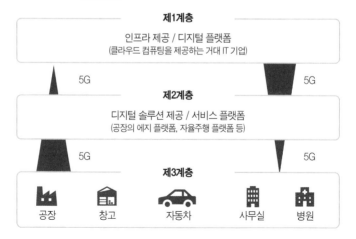

그림 2-11 5G를 이용해 초고속·대량 통신을 실현

제1계층

인프라 제공 / 디지털 플랫폼
(클라우드 컴퓨팅을 제공하는 거대 IT 기업)

5G   5G

제2계층

디지털 솔루션 제공 / 서비스 플랫폼
(공장의 에지 플랫폼, 자율주행 플랫폼 등)

5G   5G

제3계층

| 공장 | 창고 | 자동차 | 사무실 | 병원 |

제2장에서 설명한 기술을 간단히 복습해보면 클라우드 컴퓨팅으로 인해 인공지능을 비롯한 압도적인 컴퓨팅 파워가 거대 IT 기업에 집중되어 있다. 미국의 거대 IT 기업인 아마존, 마이크로소프트, 구글, IBM, 중국의 거대 IT 기업인 알리바바 등이 제1계층에 해당한다.

예를 들어 제1계층에서 거대 IT 기업이 클라우드를 활용해 API Application Programming Interface(OS나 웹서비스 등에서 애플리케이션 개발자와 프로그래머에게 제공하는 규약 및 규격) 등의 솔루션을 개발하고, 제2계층에서 그 API를 활용해 개발한 솔루션으로 제3계층에서 올라오는 데이터를 수집해 디지털상에서 분석, 처리한다고 하자. 이때 5G의 무선 기술을 사용하면 지금까지보다 훨씬 더 많은 양의 데이터를 고속으로 주고받을 수 있게 된다는 것이 핵심이다.

5G 응용 사례

구체적인 5G 응용 사례를 살펴보자. 예를 들어 로보택시를 활용해 완전 자율주행 배차 서비스를 실시하는 지역에 5G 통신 네트워크를 촘촘히 구축하면, 만일의 경우를 대비한 원격 제어 성능과 자율주행 자동차의 접속성이 높아져 더욱 쾌적한 서비스를 제공할 수 있다.

의료 분야에서는 실시간으로 영상과 데이터를 수신할 수 있게 되어 원격 의료가 실현될 수 있다. 또 수술 로봇을 원격으로 조작할 수 있게 될 것이다. 지금까지는 통신 속도가 느리고 통신을 장시간 동안 안정적으로 확보하기가 어려워서 로봇을 원격 조작하기가 쉽지 않았다. 그러나 5G로 인해 그러한 장애물이 제거되고 나면 큰 변화가 일어날 가능성이 있다.

그밖에도 5G를 통해 기업에서 실시간 화상 회의를 널리 활용할 수 있어서 국내는 물론 해외와도 화상 회의가 더욱 활발해질 것이다.

조금 더 친숙한 사례를 들자면, 스마트폰이나 태블릿을 이용한 동영상 전송과 컴퓨터 게임도 크게 달라질 것이다. 예컨대 두 시간짜리 영화를 불과 3초 만에 다운로드 할 수 있고, 게임도 스마트폰이나 태블릿에 설치할 필요 없이 클라우드에 접속해서 즐길 수 있게 될 것이다.

2019년 3월 구글이 클라우드 게임 서비스를 발표해 화제가 되었다. 압도적인 디지털 기술을 확보한 구글이 이용자들을 클라우드로 유인해 엔터테인먼트 분야로 사업을 확대하는 듯하다. 클라우드 게임은 멀리 떨어져 있는 참가자끼리 더욱 활발하게 대전을 펼칠 수 있게 할 것이다.

한편, 거대 IT 기업들은 클라우드 서비스를 제공하기 위해 구축한 데이터센터 내에 5G 기지국을 설치해 무선 데이터 통신을 확대해 나가는 도전을 시작했다.

공장에서 주목받고 있는 로컬 5G 활용

5G를 공장에서 활용하는 경우에는 서비스를 제공하기 위한 통신 기지국이 핵심이다. 5G 통신 기지국 장비는 4G보다 더 작아지고 더 저렴해진다고 한다. 단일 공장에서만 5G 통신을 활용할 경우, 로컬 기지국 장비만 구축하면 부지 내에서 5G 서비스를 이용할 수 있는 '로컬 5GLocal 5G'가 주목을 받고 있다.

실제로 독일에서는 로컬 5G의 실증 실험이 진행 중이다. 2019년 하노버 산업박람회Hannover Messe에서는 대형 자동차 부품 제조사 보쉬Robert Bosch가 제휴사인 스웨덴의 에릭슨과 공동으로 5G를 이용해 3D 프린팅을 제어하는 적용 사례를 발표해 화제를 불러 모았다.

2030년
제4차 산업혁명

스마트 더스트 시대를
어떻게 헤쳐나갈 것인가

2017년 10월 20일 수록

아타카 가즈토 야후재팬 CSO

도쿄대 대학원 졸업 후 글로벌 컨설팅 기업인 맥킨지앤드컴퍼니에 입사했다. 이후 예일대학에서 뇌신경과학 프로그램으로 박사 학위를 취득했다. 2008년 야후재팬에 입사하여 COO(최고운영책임자), 사업전략총괄본부장을 거쳐 2012년부터 CSO(최고전략책임자)를 맡고 있다. 또 게이오기주쿠대학에서 환경정보학부 교수로 재직 중이다.

앞으로 컴퓨터는 어떻게 진화할 것인가

오기 컴퓨팅 파워가 향상되면서 경제와 사회에 점점 더 커다란 영향을 미치고 있습니다. 무어의 법칙은 지금까지도 성립한다고 여겨지고 있고, IBM이 개발한 초소형 컴퓨터는 소금 알갱이만 한 크기 안에 컴퓨터 기능을 탑재하는 데 성공했다고 발표되었는데요. 새로운 비즈니스 모델을 향한 도전이라는 관점에서 보면 앞으로 컴퓨터가 어떻게 진화할 것이라고 예상하시나요?

아타카 컴퓨터의 진화에 대해서는 두 가지 관점으로 나눠서 생각해야 합니다. 우선 컴퓨터의 계산 속도가 점점 더 빨라지고 성능도 향상되고 있다는 점부터 살펴보죠. 소위 말하는 무어의 법칙과는 다르지만, 양자 컴퓨터의 탄생이 그중 하나로 뉴로 컴퓨팅[11]이라고 불리는 분야입니다. 이 분야에서는 캐나다에서 개발한 디웨이브D-WAVE 등의 양자 컴퓨터가 유명합니다. 다만 이 컴퓨터는 최적화 문제[12]만 풀 수 있다는 한계가 있어서 인공지능과 딥러닝에 필요한 행렬 연산에는 적합하지 않다고 여겨집니다. 따라서 인공지능을 활용해 컴퓨팅 파워를 향상시키려면 또 하나의 전혀 다른 새로운 컴퓨팅 기술을 실현해야 합니다. 그래서 지금 전 세계 연구자들이 전력을 다해 매진하고 있죠.

경제적 관점에서는 방금 말씀드린 양자 컴퓨터 이상으로 중요한 것이 컴퓨터의 소형화입니다. 컴퓨터의 계산 속도와는 또 다른 이야기죠.

오기 스마트 더스트 말씀이군요. 얼마 전 일본 정부 관련 기관에서 인공지능과 제조업의 융합을 주제로 한 연구회가 있었는데요. 그때 일본IBM의 구세 가즈시 CTO최고기술책임자에게 CPU중앙처리장치와 메모리 기능이 탑재된 먼지 크기의 최신 초소형 컴퓨터를 갖고 와주십사 부탁했습니다. 립스틱 크기의 플라스틱 케이스에 들어 있었는데 50대 이상의 연령층에서는 노안으로 초소형 컴퓨터를 못

---

11 뉴로 컴퓨팅 인간의 뇌신경망 원리를 적용하여 학습과 추론 등의 처리 과정에 관여하는 컴퓨터 알고리즘을 개발하고 구현하는 것―옮긴이 주
12 최적화 문제optimization problem 주어진 상황을 수학적으로 모델링하고 최선 또는 최적인 상황이 무엇인지 판단하는 문제―옮긴이 주

찾는 사람도 있다더군요. 솔직히 저도 그 먼지 크기의 컴퓨터를 못

찾았습니다(웃음).

벨의 법칙

아타카 IBM의 경우도 컴퓨터의 소형화 사례 중 하나죠. 이 흐름을

이해하려면 먼저 벨의 법칙을 이해해야 합니다. 벨의 법칙이란 널

리 알려진 무어의 법칙과는 별개의 이야기입니다. 약 10년 주기로

시대를 대표하는 컴퓨터 플랫폼의 크기가 수백분의 1로 작아진다

는 경험적인 법칙이죠. 이 법칙은 지난 50년간 실현되었습니다. 방

하나를 꽉 채울 정도로 컸던 개발 초기의 컴퓨터는 1960년대에 소

형화되었고, 머지않아 개인용 컴퓨터가 탄생했습니다. 1985년 IBM

은 세계 최대의 시가총액을 자랑했죠. 그 후 개인용 컴퓨터에서 스

마트폰 시대로 전환되었습니다. 2017년 말 현재, 애플이 세계 시가

총액 1위 자리를 차지하고 있죠. 경험상 다음에는 스마트폰의 100

분의 1 크기인 컴퓨터가 시대를 대표하는 계산기 플랫폼이 될 것이

그림 2-12 벨의 법칙: 컴퓨터는 점점 더 작아진다

대형 컴퓨터　　　　개인용 컴퓨터　　　　스마트폰

확실해 보입니다.

미시간대학 연구팀이 개발한 세계에서 가장 작은 독립형 컴퓨터의 크기는 1세제곱밀리미터 이하로 CPU, 메모리 등이 전부 탑재되어 있습니다. 게다가 태양 전지를 장착해서 따로 충전할 필요가 없죠. 또 와이파이로 약 20미터 떨어진 곳까지 정보를 전송할 수 있습니다. 지금은 모래알 정도 크기여서 옷에 삽입할 수 있는 수준이지만 앞으로 점점 더 작아질 겁니다. 이것이 스마트 더스트, 또는 스마트 모트smart mote(똑똑한 티끌)라고 불리는 기술입니다. 이런 작은 센서형 컴퓨터는 분명 사물인터넷 시대를 이끄는 강한 동력이 될 겁니다.

비즈니스의 게임 체인지가 시작되다

오기 지금의 컴퓨터는 전력을 소비하고 열을 발생시킨다는 약점이 있는데요. 초소형 컴퓨팅은 그런 문제를 극복할 수 있을까요?

아타카 꼭 그렇지도 않습니다. 지금까지 존재하지 않았던 센서형 칩의 수가 폭발적으로 생겨나는데다가 그 칩이 수집한 데이터를 전송받는 클라우드 서버에서도 계산량이 폭발적으로 증가합니다. 이런 통신에 따른 계산 부하도 만만치 않죠.

미국과 중국은 전력이 저렴해서 유리한 입장입니다. 다만 현재 개발 중인 뉴로 연산 소자가 상용화되면 전력 소비가 절대적으로 큰 딥러닝의 소비 전력이 몇 자릿수 정도쯤 낮아질 것으로 예상됩니다. 적어도 인공지능의 학습 과정에 드는 전력비용이 유불리로 작용하지 않게 될 가능성이 있는 것이죠.

이런 불연속적인 변화를 스스로 만들어내 선점하기만 한다면 일본에도 큰 기회가 있습니다. 모든 관심이 정보 과학과 소프트웨어 쪽에 쏠리기 쉽지만, 센서뿐 아니라 연산 환경이나 연산 기반까지 포함한 새로운 프레임을 만들어낼 수 있는가, 그런 관점에서 방안을 모색해야 합니다.

나아가 제조업계에서도 게임 체인지가 일어날 겁니다. 일본에서는 별로 거론되지 않지만 컴퓨터가 실제로 제어하는 액추에이터, 로봇도 분자 수준으로 진화하고 있습니다. 앞으로는 제조업도 반도체 소자의 설계 및 개발처럼 손기술에 의존하는 수준을 넘어서는 시대로 전환할 겁니다.

파나소닉 창립자인 마쓰시타 고노스케는 '모든 공간에서 전기 제품의 혜택을 누릴 수 있도록 널리 퍼뜨려 풍요로운 사회를 만들겠다'는 비전을 실행에 옮겨 성공했습니다. 앞으로는 모든 공간에 센서를 퍼뜨릴 수 있게 됩니다. 게다가 네트워크 말단에 인공지능 칩을 탑재하려는 움직임이 확산되고 있죠. 이른바 에지에서의 인공지능 컴퓨팅입니다. 실제로는 클라우드와 연동해 움직이지만 계산 처리와 학습 과정의 상당 부분이 우리가 생활하는 공간의 주변에서 이루어지는 것이죠. 이것이 새로운 게임입니다.

이 불연속점을 살린 '기회의 창window of opportunity'이 그리 오래 열려있지는 않을 겁니다. 아마 앞으로 20년 정도일 거예요. 예컨대 전력 공급 시스템이 완전히 갖춰진 1950년대에는 미국의 GE를 쓰러트리기란 굉장히 힘든 상황이었습니다. 지금의 새로운 변화도 그때와 마찬가지로 앞으로 20년 후면 완전히 정착할 가능성이 높습니다. 그것은 클라우드 컴퓨팅이 등장한 지 20년이 채 지나지 않았는데도 벌써 몇 안 되는 플레이어가 좌지우지하고 있다는 점에서도 알 수 있죠.

일본이 기회를 놓치지 않기 위해 필요한 마인드셋

오기 이런 대변혁의 시대는 일본 산업계에도 엄청난 기회이지 않을까요?

아타카 원래는 큰 기회가 맞습니다. 다만 지금의 일본 기업은 마인드셋, 즉 사고방식을 완전히 뜯어고쳐야 합니다. 여러 면에서 변화가 필요한데, 가장 먼저 변해야 할 부분 중 하나는 청년층의 활용이에요. 젊은 세대가 마음껏 능력을 펼칠 수 있는 환경을 만들어줘야 합니다.

비즈니스 세계에서 혁신을 일으킨 아마존의 제프 베이조스, 페이스북의 마크 저커버그, 일본에서는 파나소닉의 마쓰시타 고노스케,

소니의 모리타 아키오, 모두 창업 당시 청년이었습니다. 그 당시를 대표하던 GE, IBM, 듀폰, GM 같은 위대한 기업이 변화를 선도한 것이 아니었어요.

오기 일본에서 청년들이 재능을 꽃피워 대변혁의 시대를 이끌어 나가려면 무엇이 필요하다고 생각하시나요?

아타카 재능은 확률적으로만 탄생합니다. 다만 꽉 차 있던 기존의 생태적 지위를 개방하면 재능이 발견되는 속도는 분명히 점점 더 빨라집니다. 예를 들어 지금까지 지구상에 생겨났던 생물종은 대부분 멸종했습니다. 지구에 마지막으로 큰 운석이 떨어졌을 때는 90퍼센트 이상의 생물종이 사멸했고, 개체 수로 따지면 1만분의 1 정도만이 살아남았다고 추정됩니다. 지구에서는 이런 변화가 다섯 번 이상 반복되었습니다. 다만 그때마다 빈틈이 생긴 생태적 지위 ecological niche(생태학적 조건이 두루 갖춰진 공간)를 메우듯 새로운 종이 자라났습니다. 새로운 종이 대량으로 탄생하려면 이전에 존재했던 종의 절멸, 공간의 양도가 필요한 것이죠.

지금 세계에서는 기술적으로나 환경적으로나 예전에 경험하지 못한 수준의 변화가 일어나고 있습니다. 경제적인 규칙도 송두리째 뒤바뀌고 있죠. 규모가 아니라 혁신이 가치를 낳는 시대에 접어든 겁니다. 이제는 과감하게 젊은이들에게 맡겨 두어야 합니다. 중년층과 노년층은 자리를 양보하고 지원하는 쪽으로 돌아서야 해요. 청년들을 인정하고, 자금을 지원하고, 좋은 사람들을 소개하는 움직임이 대단히 중요합니다.

흑선이 와서 막부[13]가 무너지고 메이지라는 새 시대가 열렸을 때도, 훗날 2차 세계 대전에서 패배해 도쿄까지도 불에 타 폐허로 변해 버린 후에도, 사회의 상당 부분이 젊은 세대에게 맡겨졌고 청년들은 아무런 제약 없이 온갖 재능과 열정을 마음껏 발산했습니다. 그때의 노년층처럼 있는 힘껏 젊은이들을 지원해야 합니다.

이렇게 앞길이 빤히 보이는 시대는 없다고 생각합니다. 청년들이 윗세대를 신경 쓰지 말고 자신 있게 도전하기를 응원합니다.

---

13 막부幕府 1192년에서 1868년까지 일본을 통치한 무사 정권. ─옮긴이 주

4차 산업혁명에서 주목할 기업

독일 아디다스 / 보쉬 / 지멘스 / 폭스바겐

미국 아마존 / 마이크로소프트 / 테슬라

중국 알리바바 / 텐센트 / 디디

일본 덴소 / 야마자키 마작 / 패스트리테일링

1. 아디다스

독일 스피드 팩토리의 충격

맞춤형 대량 생산을 향한 도전을 시작한 글로벌 기업이 있다. 스포츠웨어로 잘 알려진 아디다스Adidas다. 2018년 US오픈 테니스 대회에서 오사카 나오미가 우승하면서 일본인 최초로 그랜드슬램을 달성했는데, 그때 그녀가 입었던 옷과 신발이 아디다스의 테니스웨어였다.

아디다스 본사는 독일 뮌헨에서 차로 두 시간 정도 걸리는, 작곡가 바그너의 오페라 무대로 유명한 뉘른베르크 근처, 전원 풍경이 한가로이 펼쳐진 곳에 있다.

"아디다스가 독일에서 스피드 팩토리Speed Factory라고 불리는 스마트 공장을 건립해 개인 맞춤형 운동화 생산을 시작했다." 이 뉴스를 접한 관계자들은 놀라지 않을 수 없었다. 한편, 원래 운동화란 값싼 노동력으로 동남아시아에서 생산해야 하는 것이라는 목소리도 높아졌다. 선진국 독일에서는 27년 전에 아디다스의 운동화 생산이 중단되고 중국과 동남아시아로 생산 거점이 이동했었다.

아디다스의 운동화 생산량은 연간 3억 6천만 켤레로, 인건비가 낮은 아시아 국가, 최근에는 특히 베트남에서 주로 생산되고 있다. 그런데 '스피드 팩토리'라는 스마트 공장의 등장으로 사반세기 만에 독일 국내 공장이 부활한 것이다.

'3D 프린터'로 스마트 공장이 속도를 더하다

아디다스가 독일에서 운동화를 생산하는 것에는 어떤 목적이 있을까? 우선 신제품을 유럽 시장에 투입하는 데 필요한 준비기간이 확연히 줄어든다. 독일에서 신제품을 기획 및 설계해 아시아에서 생산한 다음, 다시 유럽으로 해상 운송을 하려면 1년 이상, 때에 따라서는 2년 가까이 걸린다. 그런데 아디다스의 스피드 팩토리에서는 고작 몇 주 만에 이루어진다.

비밀은 3D 프린터와 디지털 데이터를 활용한 모듈 생산에 있다. 신발의 성능을 결정하는 중요한 부속품인 밑창 부분의 디지털 설계 및 디자인이 끝나면, 일단 미국 스타트업에서 도입한 광경화 방식의 전용 3D 프린터로 밑창 시제품을 만든다. 그 다음 설계 데이터를 제조 장치에 전송해 곧바로 3D 프린터로 제조에 들어간다.

3D 프린터에서 가장 많이 쓰이는 적층 방식은 제조 시간이 오래 걸린다는 결점이 있다. 그래서 "3D 프린터는 대단한 기술이지만 만드는 데 시간이 너무 오래 걸린다. 제조 현장에서 사용하기에는 무리가 있다"는 의견도 많았다. 하지만 아디다스가 도입한 3D 프린터는 그보다 25~100배 더 빨리 생산할 수 있다고 한다. 프린터를 자동으로 가동할 수 있게 되면 공장의 3교대 체제에 필적하는 24시간 생산이 가능해져서 75~300배 빠르게 생산할 수 있게 된다.

아디다스는 자체 개발에 연연하지 않고 미국의 스타트업 기업으로부터 이 기술을 도입했다.

고객 관점에 중점을 둔 맞춤형 대량 생산

두 번째 목적은 '고객 관점'에 중점을 둔 개인 맞춤형 제품의 생산이다. 제품의 부가 가치를 높이면 더 비싼 가격에 팔 수 있다.

그렇다면 어떤 제품이 부가 가치가 높을까? 세상에 하나뿐인 맞춤 제작품이 아닐까? 그중에서도 특히 가치 있는 것이 운동화다. 발의 형태는 사람마다 다르다. 큰 발, 작은 발, 볼이 넓은 발, 볼이 좁은 발 등 가지각색이다. 하지만 대량 생산과 재고 비용을 전제로 하는 제조사로서는 일반적인 발 길이와 발볼 등 제한된 품목만 판매할 수밖에 없는 것이 현실이다.

운동화 구매자 입장에서 보자면, 신발이 발에 잘 맞지 않으면 쉽게 피로해지거나 생각했던 대로 달릴 수 없다. 모든 고객이 가치를 두는 부분은 '내 발에 딱 맞는 신발'이다. 아디다스는 이것을 스피드 팩토리에서 실현하고자 한다.

이때 중요한 요소가 원가다. 아디다스는 아시아 공장에서 운반해올 때 들었던 기존의 운송비를 절감하고 독일 공장의 인건비를 조절해, 전체 원가를 아시아에서 생산했을 때와 비슷한 수준으로 맞추었다. 또 밑창 부분에서 활용한 3D 프린터를 다른 부속품에서도 적용할 수 있도록 소재를 개발하고 있다.

제2장의 **그림 2-8** (86쪽 참조)을 보면 맞춤형 대량 생산이 가장 효과를 발휘하는 것은 오른쪽 고리 모양 화살표 부분의 고객 중심 디지털 마케팅이 실현되었을 때다. 아디다스는 고객의 제품 주문도 디지털화하여 온디맨드로 전환해 나갈 방침이다. 실제로 고객이 전용 웹 사이트에서 마음에 드는 디자인과 사양을 조합해서 자기 취향에 맞춘 제품을 주문하는 서비스를 개시했다.

아디다스 본사를 방문했을 때 들은 바로는, 독일에 이어 미국에 두 번째 스피드 팩토리를 설립하고 2018년부터 두 공장에서 본격적으로 생산을 시작한다. 여기에서 쌓은 실적을 바탕으로 다른 주요 시장으로 확장할 수 있을지도 함께 검토할 예정이다. 그리고 공장의 효율화만을 목표로 하는 것이 아니라 아시아를 중심으로 전 세계에 보유한 공급망 전체의 재고를 절감하고 최첨단 비즈니스 모델을 도입해 나갈 계획이다.

또 아디다스는 2020년에 독일과 미국의 스피드 팩토리를 일단 폐쇄하고, 그동안 축적한 최첨단 제조 기술을 아시아의 생산 거점에 확대 적용할 계획이다. 4차 산업혁명을 전망함에 있어 앞으로도 아디다스와 그 공급망의 동향을 예의 주시해야 할 듯하다.

2. 보쉬
(로버트보쉬)

인더스트리 4.0의 리더가 센서 사업에서 필승을 노리다

보쉬Bosch는 자동차 부품 제조사라는 강점을 살려 모빌리티 분야의 사물인터넷화, 자율주행과 커넥티드 카 분야에 주력하고 있는 기업이다. 게다가 엄청난 속도로 인더스트리 4.0을 실현하는 기업으로 변신하고 있다.

보쉬는 세계 최고의 센서 기업이라는 면모를 갖췄다. '센서는 앞으로 점점 더 가격이 낮아지지 않을까' 생각하는 독자가 있을지도 모르겠다. 하지만 보쉬는 센서만을 단품으로 파는 것이 아니라 시스템과 묶어서 세트로 판매한다는 데에 강점이 있다.

보쉬는 자체적으로 MEMSMicro Electro Mechanical Systems(초소형 전자 기계 시스템) 센서를 생산하고 있으며, 2018년 1조3천억 원을 투자해

MEMS 공장을 독일에 설립하기로 결정했다. 이것은 차량용 자율주행 CASE(53쪽 참조) 전략을 겨냥한 투자로 여겨진다.

또 다임러와 공동으로 무인 자동 주차 시스템을 개발해 상용화에 성공했다. 이것은 운전자가 목적지에 도착해 건물 입구에서 내리면 발레파킹처럼 자동차가 자율주행으로 주차장의 빈자리에 주차하고, 스마트폰으로 호출하면 다시 자율주행으로 입구까지 되돌아오는 시스템이다.

제1장에서 소개한 스마일 커브와 다임러 로고가 애플로 바뀌는 시나리오를 시사한 《파이낸셜타임스》의 기사를 떠올려보자. 만일 보쉬가 자율주행 센서 기술로 세계의 사실상 표준[14]을 획득하면 어떻게 될까? 자율주행의 승자가 독일의 다임러든 미국의 애플이든, 자율주행차에 탑재하는 센서와 소프트웨어 기술에서 승리한다면 누구나 보쉬의 센서 기술을 원할 것이다. 보쉬가 노리는 것이 바로 이것이다.

디지털 서비스 플랫포머와 디지털 컨설팅 기업을 목표로 하다

보쉬의 최신 동향을 조금 더 살펴보자. 보쉬에서는 '커넥티드 모빌리티 솔루션 사업부'를 신설했다. 600명이 넘는 직원으로 구성된 이

---

14 사실상 표준(de facto standard) 공식적으로 지정된 표준은 아니지만 널리 사용되어 표준이나 다름없이 자리 잡은 규격이나 기준. —옮긴이 주

사업부는 디지털 모빌리티 서비스를 개발 및 판매한다. 2018년에는 미국 스타트업 SPLT를 인수해 승차 공유라이드셰어링 사업에도 본격적으로 뛰어들었다.

보쉬는 2022년까지 세계의 승차 공유 서비스 이용자 수가 지금보다 60% 증가해 6억 명이 넘을 것으로 예상하고, 기업을 대상으로 직원 출퇴근용 서비스를 제공할 계획이다.

한편 보쉬는 그룹 내 공장의 산업 기기 등을 자사의 디지털 플랫폼인 '보쉬 IoT 스위트Bosch IoT Suite'에 연결해 빅데이터를 분석 및 처리하고 있다. 특이한 것은 디지털화를 통해 자사 공장의 재고비와 물류비를 줄인 노하우와 실제 사례를 축적해 얻은 결과를 바탕으로 외부 기업의 컨설팅 사업에 뛰어들었다는 점이다. 보쉬는 기업을 대상으로 한 컨설팅 서비스를 시작으로 제조업, 스마트 시티, 스마트 홈, 에너지, 스마트 빌딩 등의 분야로 사물인터넷 사업을 확대해 나갈 예정이다.

컨설팅 팀은 센서 등의 사물인터넷 기기를 전문으로 다루는 직원과 생산 관리에 정통한 공장 관리자 등으로 구성되어 있다. 사내에서 디지털화 할 수 있는 부문과 구체적인 도입안을 기업 경영자에게 직접 제안할 수 있도록 경영 컨설턴트 팀을 편성한 것이다. 이는 제조 현장에서의 도입에만 그치지 않고, 현재의 사물인터넷 기술로 가장 효율화할 수 있는 물류, 재고 부문을 포함한 기업 활동 전체를 포괄적으로 바라보는 최고경영자의 판단을 거쳐 프로젝트를 진행할 수 있다는 장점이 있다. 한편 보쉬 측도 고객사의 프로젝트에 참여해 축적한 지식과 노하우가 결과적으로 자사 공장의 수준 향상으로 이어져 일석이조의 효과를 거둘 수 있다.

보쉬 그룹의 소프트웨어 엔지니어 수도 눈여겨 볼만하다. 전 세계 보쉬 그룹의 직원 37만5천여 명 중 소프트웨어 엔지니어는 무려 1만5천 명에 달한다.

3. 지멘스

세계 톱10의 소프트웨어 회사

지멘스Siemens는 보쉬와 함께 독일의 인더스트리 4.0 프로젝트를 주도하는 기업이다. 산업계의 디지털화를 목표로 사업의 선택과 집중에 초점을 맞추고 소프트웨어 사업을 적극적으로 확대해 나가고 있다. 한국이나 일본에서는 거의 알려지지 않았지만, 현재 지멘스는 소프트웨어 부문에서 매출 기준으로 세계 10위 안에 드는 기업이다.

지멘스는 인수를 통한 소프트웨어 사업 확대를 통해 지금의 지위에 올랐다. 2007년 미국의 제품 수명 주기 관리PLM 소프트웨어 제조사 UGS 인수를 시작으로, 지멘스가 2017년까지 소프트웨어 기업을 인수한 합계 금액은 약 100억 달러 즉 10조 원을 웃돈다.

2013년에 취임한 CEO 조 케저Joe Kaeser는 '앞으로 지멘스는 소프트웨어 기업으로 거듭난다'는 비전을 제시하고 지멘스의 비즈니스 포트폴리오를 급속히 변화시켜 왔다. 약 110조 원에 이르는 매출 내역을 자세히 들여다보면 현재 디지털팩토리 및 프로세스, 드라이브 자동화 사업부가 약 4분의 1을 차지해, 에너지 사업 등 다른 부문을 누르고 최대 수익원으로 올라섰다.

또 보쉬와 마찬가지로 계속해서 소프트웨어 기술자를 늘린 결과 현재 2만 명 규모에 달하며, 디지털 팩토리 부문의 모듈 생산과 디지털 트윈 도입을 적극적으로 지원할 수 있는 체제를 구축했다.

지멘스의 암베르크 공장은 인더스트리 4.0 기술을 도입한 대표적인 공장으로 유명하다**그림 3-1** . 이 공장은 제조 공정을 디지털화하여 무려 1천 종의 컴퓨터를 저렴하게 소량 생산할 수 있는 맞춤형 대량 생산 체제를 갖추었다.

게다가 지멘스는 기업을 대상으로 한 B2B 시장에서 디지털 플랫포머 기능을 제공하는 데도 주력하고 있다. 이 부분도 보쉬와 마찬가지다. 지멘스는 사물인터넷 분야에서 공장 등의 네트워크화를 추진하기 위해 유럽 최대의 소프트웨어 제조사 중 하나인 SAP와 제휴를 맺고 'SAP HANA'[15]를 이용해 산업용 클라우드 플랫폼인 '마

---

15 SAP HANA: 데이터를 디스크가 아닌 메모리에 저장해 데이터 처리 속도를 향상시키고 물리적인 저장 용량을 최소화한 솔루션. —옮긴이 주

그림 3-1 지멘스 암베르크 공장

제공 지멘스

인드스피어MindSphere'를 제공하기 시작했다.

자동차 산업을 시작으로 산업 영역을 더 확장하고, 그와 더불어 각 업계의 선도 기업을 시작으로 중견 기업과 중소기업으로 저변을 확대하면서 독일 산업계 전체에 디지털 생산과 디지털 서비스를 제공해 나가려는 계획이다.

클라우드 플랫포머로 진화하다

지멘스는 2019년 4월에 열린 하노버 산업박람회에서 산업용 사물인터넷 플랫폼 '마인드스피어'를 통해 디지털 서비스 플랫포머 계층을 목표로 하고 있음을 분명하게 드러낸 전시로 주목을 받았다.

4차 산업혁명에서 제조업을 대상으로 하는 클라우드 서비스는 이용자들이 선호하는 API 등의 솔루션 개발에서 주도권을 쥐는 것이 대단히 중요하다. 플랫폼이 제대로 기능할 수 있을지 없을지는 소화할 수 있는 이용자의 규모, 플랫폼 생태계에 참여해 솔루션을 개발하는 기업의 규모와 질, 그리고 이 둘을 적절히 연결해주는 능력에 달려 있다.

지멘스 입장에서 보면, 마이크로소프트와 AWSAmazon Web Services (아마존웹서비스)의 지위는 제1계층에 속하는 클라우드 인프라를 제공하는 파트너다(95쪽 참조). 데이터센터를 발전소에 비유하면, 대형 발전소에서는 전기를 공급하고 지멘스라는 서비스 제공 플랫폼은 제조업용 솔루션을 공급하는 역할 분담을 제안하고 있는 것이다. 자신들은 제2계층의 서비스 플랫폼을 만들고 생태계 참여 기업에서 개발한 우수한 솔루션을 제공받아 수익화를 노리겠다는 전략이다. 실제로 독일에서는 지멘스의 플랫폼인 마인드스피어를 사용하는 대기업이 늘고 있고, 중소기업용 솔루션 개발사들도 지멘스의 플랫폼을 통해 솔루션을 제공하고 있다.

'아마존처럼 제1계층에 속하는 IT 기업이 제조 현장을 제대로 알리 없다'는 생각은 점점 사라지고 있다. 실제로는 제조 현장의 노하우를 속속들이 아는 솔루션 개발사들이 마인드스피어와 같은 제2계층 서비스 플랫폼에 모여들고 있다.

공장용 솔루션을 예로 들자면, 지멘스는 클라우드상에서 개발한 프로토콜(절차)과 API를 제조 현장의 설비 기기 같은 산업용 컴퓨터 IPC에서 실행시키는 기법을 개발하는 데 매진하고 있다. 지멘스는 이것을 공장 자동화 설비를 제어하는 PLCProgrammable Logic Controller (프로그램 가능 로직 제어 장치)라는 장치에 설비 기계와 제조 현장의 노하우를 집약하는 방식으로 실현하려는 듯하다.

이미 소프트웨어 데이터를 압축하는 기술인 컨테이너 기술이 현실화되었으며, 클라우드에서 개발해 시뮬레이션 학습 시킨 인공지능을 공장의 컴퓨터나 산업용 컴퓨터, PLC상에서 현상 학습 시킨 다음 다시 클라우드로 돌려보내는 일도 가능하다. 앞으로 공장의 디지털화는 이러한 기술들로 인해 점점 더 빨리 진화할 것으로 보인다.

철도 차량 제조사에서 MaaS 기업으로

이동 수단의 디지털화에 따른 비즈니스 모델의 혁신은 철도 부문에서도 진행되고 있다. 지멘스는 세계에서 손꼽히는 철도 차량 제조사다. 하지만 차량을 제조해서 판매하는 기존의 비즈니스 모델에서 벗어나 소프트웨어를 활용해 철도 운행 서비스를 제공하는 비즈니스 모델로 전환하고 있다. 스마일 커브에서 말하는 부가 가치가 높은 서비스 사업의 확대를 도모하고 있는 것이다.

지멘스는 스페인 철도회사 렌페Renfe의 마드리드, 바르셀로나,

말라가를 오가는 고속 열차 **그림 3-2** 에 지널리틱스Sinalytics라는 디지털 서비스를 도입했다. 유럽 철도는 운행 지연이 일상화되다시피 했지만 이 서비스를 도입하면서 정시 운행률이 99.9퍼센트까지 높아졌다고 한다.

지멘스는 스스로를 디지털 기업으로 혁신시키고, 소프트웨어를 활용한 서비스로 비즈니스 모델을 전환하여 부가 가치를 창출하는 방향으로 나아가고 있다. 철도, 소프트웨어, 운행 시스템을 비즈니스 모델화하여 차량 제조뿐 아니라 디지털 기술을 활용한 서비스까지 망라하는 기업으로 변신하고 있는 것이다. 바꿔 말하면 MaaS(56쪽 참조) 비즈니스 모델로 방향을 바꿨다고도 할 수 있다.

그림 3-2 지멘스에서 제작한 고속 열차

제공 지멘스

4. 폭스바겐

미국에서 발생한 경유차 문제

다임러가 독일을 대표하는 고급 자동차 제조사라면 폭스바겐 Volkswagen; VW은 독일 최대의 매출을 자랑하는 자동차 제조사다. 판매 대수는 2018년 기준 연간 1,074만 대로 세계 3위 자동차 제조사로서 세계 중·소형차 시장을 선도해왔다.

폭스바겐은 세계 자동차 시장의 3분의 1을 차지하는 중국의 수입차 시장에서도 상위권에 이름을 올린다. 그룹 산하 자동차 회사로는 한국이나 일본에서도 고급차로 유명한 아우디와 포르쉐를 비롯해 영국의 벤틀리, 이탈리아의 람보르기니가 있다. 그러나 환경대책을 위해 기술을 개발해왔던 경유차에서 좌절을 맛보게 된다. 배기가스 규제 대책의 서류 및 소프트웨어 조작 문제다.

독일에서 자동차는 동물 말에 비유된다. 주말이나 한 달 가까이 휴가를 내는 여름 휴가철이면 자동차로 유럽을 누비는 독일 국민들에게 장거리 이동이 가능하고 연료비가 저렴한 경유차는 환경대책에 가장 적합한 자동차였다.

그러던 중, 과거 도요타자동차가 리콜 사태로 진땀을 뺐던, 미국에서 문제가 발생했다. 2015년 9월 미국 환경보호청EPA이 기자 회견에서 "폭스바겐이 시험장에서 인증 검사를 받는다는 점을 악용해 오염물질 배출 심사 때에만 배기가스에 포함된 질소산화물NOx 배출량을 자동으로 줄이는 불법 소프트웨어를 사용했다"라고 발표한 것이다. 이 소식은 유럽, 특히 독일 산업계를 발칵 뒤집어 놓았다.

폭스바겐은 독일 최대의 자동차 제조사일 뿐만 아니라 본사가 있는 니더작센 주가 2대 주주로 주식을 20퍼센트나 보유한 기업이다. 직원 수도 독일 국내에만 30만여 명에 이른다. 한국이나 일본에서는 체감하기 힘들겠지만 폭스바겐의 배기가스 조작 문제가 독일 사회에 미친 충격은 어마어마했다. 실제로 환경대책 차량으로 인기가 높았던 경유차는 유럽 시장에서 급격하게 점유율이 떨어졌다. 그리고 미국에서 문제가 발생한 9월 말 포르쉐 CEO였던 마티아스 뮐러Matthias Müller가 폭스바겐 대표로 취임했다. 그는 배기가스 조작 문제를 회사를 재정비하는 기폭제로 삼고, 사운을 걸고 경유차에서 전기차로 대전환하겠다고 발표했다. 때마침 유럽, 중국, 미국 캘리포니아 주 등에서 전기차 지원 정책이 활발해지면서 자동차 시장이 전기차 도입으로 방향을 전환했다.

전기차의 패권을 노리는 폭스바겐

폭스바겐은 신속하게 움직였다. 휘발유나 경유용으로 사용하던 파워 트레인power train이라는 자동차의 골격 부분에 모터와 전지를 탑재하는 방식의 기존 전기차에서 한발 더 나아가 전기차 전용 파워 트레인을 개발, 2020년 소형 전기차 ID를 선보였다.

그와 동시에 폭스바겐은 독일 국내의 전기차 생산 체제 구축에 나섰다. 폭스바겐은 그룹 계열사이자 한국과 일본에서도 유명한 고급차 브랜드 아우디의 발상지인 라이프치히 인근 공장에서 2022년부터 연간 30만 대 규모로 전기차 생산을 시작한다고 발표했다. 기존에 생산하던 휘발유 차량은 생산 기지를 다른 공장으로 옮기고 100퍼센트 전기차 공장으로 전환한다는 대담한 계획이었다.

또 생산 대수는 닛산의 전기차 리프Leaf의 연간 판매 대수의 3배에 달한다. 이 공장에서는 전기차화를 추진하고 있는 중국 시장이 아닌, 유럽과 미국 시장을 대상으로 한 전기차를 생산할 예정이라고 한다.

앞으로 전기차에 탑재되는 반도체 칩의 수는 휘발유차보다 4배

더 늘어날 것으로 예상된다. 폭스바겐의 전기차 공장이 위치한 지역 근처에는 반도체와 전자 산업의 중심지인 드레스덴이 있다. 독일에서 손꼽히는, 디지털 산업에 강한 지역을 선택해 단번에 전기차 생산 체제를 공고히 하려는 것이다.

이스라엘에서 스타트업을 소집, 외국의 디지털 인재를 확보하라!

폭스바겐도 다임러와 마찬가지로 전기차 전환을 시작으로 CASE 대응에 주력하고 있다. 그중에서도 특히 벤처 기업 활용이 눈에 띈다.

폭스바겐은 제조 경험이 압도적으로 풍부하고, 엔지니어의 수준도 독일 최상급이다. 반면 디지털 분야에서는 내부의 인재 육성이 충분하지 않다. 새로운 모빌리티, 커넥티드 카 같은 아이디어를 구상하려면 젊은 이용자의 관점에서 바라볼 수 있는 청년층의 참여가 반드시 필요하다.

예컨대, 애플의 아이폰이 출시된 2007년 첫 휴대전화부터 당연하게 스마트폰을 사용한 디지털 네이티브 세대가 등장했다. 폭스바겐으로서는 이 세대의 젊은 인재를 어떻게 활용하여 디지털화로 전환해 나갈지가 매우 중요한 것이다.

폭스바겐은 대담하게도 독일 드레스덴 시내의 전기차 시범 공장안에 스타트업과 협업하기 위한 합동 연구 사무실을 마련했다. 그리고 독일 국내뿐 아니라 디지털 기술로 세계를 견인하는 이스라

엘, 화이트 해커16가 풍부하다고 알려진 체코 등의 슬라브 국가, 발트3국 등에서 스타트업을 초빙하기 시작했다.

이 스타트업 지원 프로젝트에는 지자체인 드레스덴 시도 참여하고 있다. 모빌리티 기술을 중심으로 최신 디지털 기술에 대한 지식과 활용 능력이 뛰어난 젊은이들이 마음껏 아이디어를 펼칠 수 있는 환경을 조성하고 전도유망한 기업을 집중 육성하고자 독일의 지자체가 앞장서서 움직이고 있는 것이다.

---

16 화이트 해커 악의적인 해킹에 대한 대응 방안을 마련하는 해커. ─옮긴이 주

1. 아마존
(AWS)

클라우드 컴퓨팅 업계의 정상으로 가는 길

클라우드는 4차 산업혁명을 견인하는 컴퓨팅 파워를 이용자에게 제공하는 핵심기술 중 하나다. 현재 클라우드 컴퓨팅 업계에서 세계 최고 기업은 아마존이다.

'아마존은 전자상거래 회사'라며 의아하게 여길지도 모르겠다. 정확히 말하자면 아마존 그룹의 AWSAmazon Web Service, 아마존 웹서비스다. AWS는 2006년 설립되어 클라우드 컴퓨팅이라는 형태로 자사 시스템을 대여하는 서비스를 제공하고 있다.

아마존은 주력 사업이었던 전자상거래에서 막대한 규모의 컴퓨터가 필요했다. 접속이 가장 많이 몰릴 때도 대응할 수 있도록 컴퓨터 설비를 넉넉히 준비해 두어야만 했다. 다시 말해 아마존이 보유한 컴퓨터는 평소에 남는 여력이 많았던 것이다. 그래서 아마존은 이를 효과적으로 활용하고자 기업과 개인에게 인터넷을 통해 빌려주는 서비스를 제공하기 시작했다. 남는 컴퓨터를 활용했기에 저렴하게 서비스를 제공해 다른 경쟁사와 가격차를 벌릴 수 있었다는 평가도 있다.

이제 클라우드 비즈니스는 아마존 그룹에서 가장 많은 수익을 올리는 사업이 되었다. AWS를 사용하는 고객으로는 CIA와 넷플릭스 등이 있으며, 세계 클라우드 시장 점유율의 약 3분의 1을 차지하며 업계의 거인으로 성장했다.

AWS를 단단히 떠받치고 있는 막대한 수의 IT 엔지니어들

일본에서도 시스템 통합업체[17]에 클라우드 컴퓨팅에 관해 문의하면 가장 먼저 AWS의 클라우드 서비스를 추천하는 일이 늘었다고 한다. 2018년에는 일본의 대형 금융 기관이 시스템 일부에 AWS의 클라우드 시스템을 사용한다고 발표했다.

아마존 그룹을 대표하는 전자상거래 부문은 박리다매 공세를 펼치고 있어서 늘 적자에 허덕인다. 클라우드 컴퓨팅 서비스로 수익을

---

17 시스템 통합업체(System Integrator) 정보 시스템의 기획부터 설계, 개발, 운용, 보수, 관리까지 모든 업무를 일괄 담당하는 정보 통신 기업. —옮긴이 주

넘으로써 '지구상에서 가장 풍부한 상품 품목'을 제공하겠다는 아마존의 비전을 실현하는 상황이라고 볼 수도 있다.

AWS의 클라우드는 어떻게 이 정도로 세계를 선도하게 되었을까? 그것은 이들 클라우드에서 제공하는 API가 원래는 아마존 전자상거래 사이트 등을 담당하는 우수한 IT엔지니어들이 자신들이 사용할 목적으로 만들었기 때문이다.

IT엔지니어들은 자신들이 쓰기 편하게끔 애플리케이션을 지속적으로 개선해 나갔다. 그 결과 아마존 클라우드의 이용자도 쓰기 편한 API가 완성되었고 그로 인해 매력적인 애플리케이션이 만들어진 것이다. IT업계에서는 이것을 '도그 푸딩dogfooding'이라고 부른다. 즉 개밥이 정말 맛있는지 어떤지는 실제로 먹어봐야만 알 수 있다는 의미다.

AWS의 컴퓨터 기술은 상당히 뛰어나다. 조금 전문적인 개념이지만 시스템을 분산시켜 서버를 관리할 필요가 없는 '서버리스 아키텍처Serverless Architecture' 기능을 개발한 것도 클라우드 서비스 제공에 획기적인 혁명을 가져왔다.

아마존의 IT엔지니어 수는 방대해서 2008년 기준으로 아마존의 클라우드 서비스용 애플리케이션과 서비스를 만드는 개발자만 18만 명에 이른다.

요즘 들어 생태계라는 말을 들어본 독자도 많을 것이다. 생태계란 원래 자연 생태계를 가리키는 말이지만, IT업계에서는 플랫포머를 중심으로 소프트웨어 개발자와 개발사가 협동하는 체제, 바꿔 말해 산업 집적지를 가리킨다.

AWS는 거대한 생태계를 이루었는데, 여기에 참가하는 IT엔지니어가 모두 아마존 직원인 것은 아니다. 그들은 각자의 전문성과 특기를 살려 매력적인 애플리케이션을 개발하고 AWS의 클라우드라는 플랫폼에 제공한다. 생태계 참가자 수가 방대해지면서 AWS의 매력도 점점 더 올라간 것이다.

2. 마이크로소프트

극적인 부활의 밑바탕이 된 클라우드 컴퓨팅

세계 2위 클라우드 플랫포머로서 AWS를 맹추격하는 회사는 미국 기업인 마이크로소프트다. 마이크로소프트는 세계 최대의 소프트웨어 기업으로 개인 컴퓨터 및 서버용 소프트웨어인 윈도Windows를 주축으로 세계 시장을 제압해왔다.

그런 마이크로소프트가 '마이크로소프트 애저Microsoft Azure'라는 클라우드 플랫폼을 제공하기 시작했다. 그리고 PaaSPlatform as a Service(인터넷을 통해 애플리케이션 실행용 플랫폼을 제공하는 서비스)에 데이터 기능과 인공지능의 기계 학습을 적극적으로 투입하며 세계 2위의 점유율을 차지했다. 마이크로소프트도 무서운 속도로 변화하고 있는 것이다.

미국을 대표하는 IT기업의 본거지라 하면 보통 실리콘밸리가 떠오르지만 앞서 살펴본 아마존과 마이크로소프트의 본사는 캐나다 국경에서 가까운 미국 서해안의 시애틀 교외에 있다. 마이크로소프트 본사는 사무동, 연구동을 비롯해 100개가 넘는 건물이 늘어서 있어 '마이크로소프트 캠퍼스'나 '마이크로소프트 시티'라고 불릴 정도다.

마이크로소프트 본사에는 스타트업을 갓 시작했을 무렵 팀원들과 함께 찍은 젊은 날의 빌 게이츠 사진이 전시되어 있다. 그는 '전 세계 모든 가정마다 컴퓨터 한 대씩'이라는 비전을 내걸고 이를 실현해 마이크로소프트를 거대 IT기업으로 키워냈다. 현재 전 세계의 컴퓨터에는 마이크로소프트의 OS인 윈도가 사용되고 있다.

전 세계에 컴퓨터가 보급되면서 세계 각국에서 소프트웨어 사용료가 들어왔고 그 금액은 굉장한 기세로 늘어났다. 그 후 자체 개발만을 고수해오던 컴퓨터 업계에도 IBM이 마이크로소프트의 OS를 채택하면서 변화의 바람이 불었다. 컴퓨터 업계는 개방화, 모듈화라는 '우수한 부품과 소프트웨어를 모아서 조합하는 시대'로 변해갔다.

이러한 변화 속에서 컴퓨터 업계에 새로운 시대가 찾아왔다. 스마트폰의 등장과 클라우드화다. 컴퓨터 판매는 전 세계를 한 바퀴 돌아 포화상태에 들어선 한편, 스마트폰의 OS는 애플의 iOS와 구글의 안드로이드가 장악했다.

거대 IT기업 중 하나였던 마이크로소프트가 새로운 비즈니스 모델을 모색하느라 여념이 없던 2014년, 인도 출신인 사티아 나델라 Satya Nadella가 CEO로 취임했다. 나델라는 인도공과대학 입시에 실패한 경험이나 미국으로 건너가 아메리칸드림을 이룬 과정 등 자신의 과거를 꾸밈없이 드러내기로 유명하다.

나델라는 마이크로소프트의 제2의 창업이라고도 부를 만한 혁신을 이뤄나갔다. 나델라가 마이크로소프트의 부활을 도모하기 위해 초점을 맞춘 비즈니스 모델이 클라우드 컴퓨팅인 마이크로소프트 애저였다.

마이크로소프트는 애저에서 제공하는 뛰어난 성능의 애플리케이션과 솔루션으로 세계 2위 자리를 거머쥐었다고 평가받는다. 그 포인트는 마이크로소프트가 사업의 우선순위를 '클라우드'와 '모바일'에 두고, '클라우드'의 인공지능 기능과 데이터 기능으로 차별화했다는 데 있다.

또 마이크로소프트는 예전부터 오피스 관련 소프트웨어에 강했으므로 전 세계에 법인 거래 영업 체계가 갖춰져 있었다. 그래서 마이크로소프트는 각종 서비스와 API 애플리케이션 상품군을 AWS와 비슷한 수준으로 단번에 정비하고 B2C 거래에 더해 각국의 선도 기업을 대상으로 맹렬한 영업 활동을 펼쳤다.

한편 아마존이 소매업의 점유율을 확대해 나가는 상황에서 소매업에 주력하는 경쟁사들은 자신의 영업 데이터를 아마존에 맡기고 싶어 하지 않는 경우도 많았다. 그래서 '아마존 경쟁사=마이크로소프트 클라우드 이용자' 구도가 마이크로소프트의 점유율 상승에 한 몫했다는 지적도 있다.

아마존이 압도적인 독주를 이어가던 클라우드 컴퓨팅 분야에서 2위까지 올라선 마이크로소프트는 극적인 부활에 성공하며 2018년 시가총액 세계 1위에 등극했다.

산업계의 사물인터넷화를 선도하는 마이크로소프트의 클라우드

마이크로소프트의 클라우드 컴퓨팅 서비스는 산업계의 사물인터넷화에도 많이 활용된다. 예를 들어 마이크로소프트는 세계 3대 민간항공기 엔진 제조사인 롤스로이스와 협력해 항공기 엔진을 지원하는 산업용 소프트웨어 분야로 비즈니스 영역을 넓히고 있다.

마이크로소프트는 클라우드 서비스인 '마이크로소프트 애저'를 활용해 롤스로이스 엔진에 탑재된 수백 개의 센서를 분석하는 엔진 운용 감시 시스템 개발을 지원했고, 수리 횟수 등을 줄여 항공기 운용의 효율성을 높이는 데 성공했다.

이 항공기 엔진을 지원하는 클라우드 서비스는 독일 인더스트리 4.0의 발신지이기도 한 하노버 산업박람회에서 거대한 실물 엔진과 함께 선보여 큰 화제에 올랐다.

미국

3. 테슬라

스페이스X의 로켓 제어 기술을 토대로 한 기술 기업

제1장에서 소개한 CASE는 자동차 산업의 커다란 변화다. 미국의 테슬라는 자동차 업계의 새로운 흐름을 견인해온 기업 중 하나다. 전기차EV는 CASE의 E에 해당하는데, 테슬라는 생산 차종을 전기차 만으로 좁혀 전기차 열풍에 불을 지폈다.

자동차 산업에서 전기차 개발에 도전한 역사는 상당히 길다. 최초로 휘발유 엔진을 개발한 다임러가 가장 먼저 도전한 자동차도 전기차였다. 그 후 자동차 산업은 석유를 사용하는 최대 산업으로 성장해 세계적인 석유 이권과 결탁하면서, 전기차처럼 석유를 사용하지 않는 신기술을 가로막는 장벽도 높아졌다. 하지만 최근 들어 이산화탄소 저감 등 환경 문제에 대한 의식이 세계적으로 높아지

그림 3-3 테슬라의 모델S

제공 canadianPhotographer56/shutterstock.com

면서 세계 각국에서 전기차 개발에 매진하게 되었고, 테슬라는 기존의 장벽을 무너뜨리고 자동차 산업에 변화를 일으키는 데 큰 영향을 미쳤다.

테슬라는 2003년 설립되었다. 회장이었던 일론 머스크는 이듬해 전기차 사업에 뛰어들었고, 2006년 실리콘밸리의 창고를 개조한 작업장에서 엔지니어 몇 명이 전기 스포츠카를 만드는 데 성공해 2009년 판매에 이르렀다. 테슬라는 애플과 마찬가지로 천재들이 실리콘밸리 창고에서 시작한 스타트업이다.

리먼 브라더스 사태가 세계를 위기로 몰아넣은 2008년, 일론 머스크가 2002년에 설립한 우주 개발 벤처 기업 스페이스XSpaceX는 미국 항공우주국NASA과 위성 발사 로켓 제조 계약을 체결했는데,

이 자금으로 테슬라를 지원했다는 설도 있다. 그리고 2010년 미국의 GM제너럴모터스과 일본의 도요타자동차로부터 실리콘밸리 근처 프리몬트에 있는 공장을 매입하고 세단형 전기차 '모델S'의 생산을 시작했다. 2012년 상장에 성공했고, 미국 자동차 잡지에서 모델S가 올해의 최우수 자동차로 선정되었다. 일론 머스크는 순식간에 애플의 스티브 잡스와 비교되는 시대의 총아가 되었다.

모델S는 완충 시 주행 거리가 500~600킬로미터에 달해 1회 충전만으로 도쿄에서 오사카까지 갈 수 있는 수준이다.18 주목할 부분은 모터를 앞바퀴와 뒷바퀴에 각각 두 개씩 설치해 컴퓨터 통합 제어 기술로 바퀴 네 개를 구동하고 제어하는 데 성공했다는 점이다. 또 핸들 옆에 설치된 태블릿 크기의 대형 터치스크린으로 스포츠카 모드나 시내 주행 모드 등 다양한 주행 모드를 실행할 수 있다는 점도 특징이다. 주행 성능 면에서 보자면, 정지 상태에서 가속하는 데 걸리는 시간이 독일을 대표하는 포르쉐를 크게 앞질러 자동차 애호가들의 탄성을 자아냈다.

일론 머스크는 본래 컴퓨터 제어 기술에 뛰어난 엔지니어다. 그가 경영하는 스페이스X의 로켓 분사 장치를 원격으로 제어해 지구에 재착륙시킨다는, 그 누구도 하지 못한 발상을 실현에 옮긴 천재

---

18 도쿄에서 오사카까지의 거리는 약 500킬로미터이며 서울에서 부산까지의 거리는 약 400킬로미터다. ―옮긴이 주

로, 테슬라의 모델S는 그의 엔지니어로서의 철학이 담긴 획기적인 자동차라고 말할 수 있다.

그 밖에도 테슬라는 CASE의 A에 해당하는 자율주행 개발에 박차를 가하고 있다. 테슬라의 전기차에는 소프트웨어를 자동으로 업데이트할 수 있는 레벨2 자율주행 지원 시스템인 '오토파일럿Autopilot'이 표준 장비로 설치되어 있다.

또 CASE의 C에 해당하는 커넥티드 카 부분이 핵심인데, 테슬라의 전기차는 모두 인터넷에 접속된 커넥티드 카다. 이미 전기차의 제어 기능과 미래의 자율주행을 위한 소프트웨어의 업데이트를 무선 인터넷을 통해 원격 조작할 수 있다. 이 기법은 TOATransfer on air라고 불리는데, TOA 방식을 적용했다는 말은 곧 구입한 차의 제어 기술이 최신 버전으로 계속 업그레이드되어 구형으로 전락하지 않는다는 의미다.

전기차 배터리가 닳아서 교체해야 한다는 걱정은 할 필요없다. 테슬라의 배터리 냉각 방식은 공랭식(컴퓨터의 냉각 팬을 돌려서 열기를 배출하는 방식과 동일)이 아닌 수랭식이어서 배터리의 온도 변화가 크지 않도록 컴퓨터로 제어된다. 그 결과 택시의 주행 거리 수준인 20~30만 킬로미터를 달려도 배터리 성능이 10% 저하되는 정도다.

일론 머스크는 전기차에 특화된 테슬라를 설립하면서 "지속 가능한Sustainable 에너지 기업이 되는 것이 목표"라고 말했다. 가정용 태양광 발전 시스템, 전력 저장 장치, 전기차를 총동원하여 목표를 이루려는 그의 철학에 공감하는 전기차 이용자와 투자가도 적지 않다. 테슬라는 재생 가능 에너지 보급의 열쇠를 쥐고 있는 전력 저장 장치를 일본에서도 본격적으로 판매할 예정이어서 에너지 관련 시장에 큰 영향을 미칠 듯하다.

또 테슬라는 200건 남짓의 전기차 기초 기술 특허를 모두 공개했다. 일론 머스크는 "특허 개방을 계기로 혁신이 이어지길 바란다"며 전기차 시장이 확대되기를 기대한다고 밝혔다.

미국 자동차 제조사 중 시가총액 1위로

2017년 4월 테슬라의 시가총액이 미국 최대 자동차 제조사인 GM을 넘어섰다는 뉴스가 전 세계로 퍼졌다. "테슬라는 그저 전기차 벤처 기업 정도 아니었어?"라며 놀라움 섞인 반응이 곳곳에서 터져 나왔다. 2차 산업혁명의 상징인 대량 생산으로 과거 세계 자동차 산업을 선도했던 포드의 시가총액을 제치고 마침내 미국 최대의 자동차 제조사까지 추월하자, 업계 관계자들은 디지털화와 전동화라는 새로운 시대가 시작되었음을 실감했다.

테슬라는 미국 실리콘밸리 근처 네바다주에 총 6조 원의 자금을 투입해 세계 최대의 리튬이온 배터리 공장인 '기가팩토리Gigafactory'를 설립했고, 고급차에 한정된 비즈니스 모델에서 벗어나 보급형 전기차인 '모델3'을 발매했다. 기가팩토리에서는 일본의 파나소닉이 리튬이온 전지를 생산하며 테슬라를 전면 지원하고 있다.

모델3은 미국과 북유럽 등의 중형 세단 및 프리미엄 세단 시장에서 다임러와 BMW의 강력한 라이벌이 되었다. 한편, 미중 무역 전쟁의 영향으로 관세 부담이 커지자 세계 최대 전기차 시장인 중국의 판매 가격을 인상했다. 이러한 환경의 변화에 따라 2019년 1월 상하이에 테슬라의 첫 해외 공장을 착공하고 현지 생산 준비에 들어갔다.

이에 더해 2019년 11월 일론 머스크는 모델3으로 올해의 베스트 자동차 상을 받는 한 독일 자동차 잡지 시상식 자리에서 미국과 중국에 이어 독일 베를린 근교에 전기차 공장을 설립하겠다고 발표했다. 이 공장에서는 모델3과 차세대 SUV인 모델Y, 리튬이온 전지를 제조할 것으로 예측되면서 관심이 쏠리고 있다.

메이저 자동차 제조사 그리고 에너지 기업으로 가는 길

지금까지는 테슬라의 성장을 중심으로 살펴보았으나, 2018년부터는 실리콘밸리 반골 기업가의 전형인 일론 머스크에 대한 평가가 엇갈리기 시작했다. 테슬라의 첫 대중차인 모델3의 예약 주문이 50만 대를 돌파한 것까지는 순조로웠지만, 생산 초기 대량 생산에 차질이 생기면서 경영자인 일론 머스크에게 모든 부담이 집중되었다.

이후 모델3의 생산 체제를 재정비하는 데 성공했으나, 2018년 8월에는 상장 기업의 경영자로서는 용납될 수 없는, 상장 폐지를 검토하고 있다는 글을 트위터에 올려 미국 증권거래위원회SEC로부터 소환장을 받았다. 결국에 상장 폐지 계획은 백지화되었지만, 이사회 의장 자리에서 물러나고 미국 증권거래위원회에 거액의 합의금을 지급하는 결과를 낳으며 CEO 자리만 간신히 지켰다.

과연 일론 머스크가 세계 최고 수준의 스타트업 경영자에서 메이저 자동차 제조사 경영자로 탈바꿈하여 세계를 선도하는 에너지 기업을 만들 수 있을지 세간의 이목이 쏠리고 있다.

1. 알리바바

중국에 디지털 플랫포머가 탄생하다

2019년 세계 최대의 전자상거래 기업 알리바바가 운영하는 쇼핑 사이트가 중국에서 '솔로의 날光棍节'이라고 불리는 11월 11일에 대규모 온라인 세일을 실시하며 1년에 한 번 열리는 쇼핑 축제를 진행했다. 이날 알리바바는 약 41조 원에 상당하는 2,680억 위안이라는 역대 최고 매출을 기록했다. 너무 큰 숫자여서 연매출을 잘못 말한 것이 아닌가 의심이 들 정도지만 틀림없는 하루 매출이다. 외국의 기업이라고 무관하지는 않다. 전년도 세일 때는 수입 상품의 국가별 판매 순위에서 일본 제품이 미국 제품을 누르고 1위에 올랐다. 이처럼 엄청난 디지털상의 주문량을 소화해낼 수 있는 것은 다름이 아니라 알리바바가 세계 최고 수준의 컴퓨팅 파워를 보유하고 있기 때문이다.

알리바바가 뉴욕 증권거래소에 상장된 2014년 시가총액이 하루 아침에 2,300억 달러(약 250조 원)에 이르러 시장 최대 규모의 기업 공개IPO로 기록되면서 전 세계에 이름을 알렸다. 2019년 10월 현재 알리바바의 시가총액은 4,315억 달러(약 470조 원)로 세계 7위다.

덧붙여 알리바바의 기업 공개 때 일본 소프트뱅크가 투자가로서 지원을 아끼지 않았다는 사실도 널리 알려졌다. 이후 알리바바의 성장에 따른 주가 상승이 소프트뱅크 비전 펀드의 토대가 되었다고도 볼 수 있다.

알리바바의 설립자 마윈은 알리바바를 세계 최대 유통액을 자랑하는 중국의 대표적인 거대 IT기업이자 디지털 플랫포머로 성장시켰다. 2019년 9월 마윈이 CEO에서 물러나 공식적으로 은퇴를 선언한 일은 세계적으로도 화제가 되었다.

마윈은 전 세계적으로 유명한 경영자이지만, 뜻밖에도 예전에는 중국 항저우의 대학에서 시간당 12달러를 받고 일하는 영어 강사였다. 비유하자면 긴파치 선생[19]의 실제 모델로 알려진 교육평론가 오기 나오키가 아마존의 경영자가 된 것과 마찬가지다. 또 그는 세계 최첨단 클라우드 컴퓨팅 서비스를 발표하는 무대에 근미래적

---

[19] 긴파치 선생: 일본의 대표적인 학원 드라마 〈3학년 B반 긴파치 선생〉의 주인공. 문제 학생을 끈기와 애정으로 보듬어 올바른 길로 이끄는 캐릭터다. —옮긴이 주

인 느낌이 물씬 풍기는 쿵후 복장으로 등장하기도 했는데, 그 모습은 과거 애플의 스티브 잡스가 티셔츠 차림으로 무대에 오르는 모습을 방불케 했다.

2018년 일본 명문 사립대 와세다대학에서 열린 특별 대담에 마윈이 초대되었다. 참가 신청자는 4천 명을 넘어섰고 온라인으로 생중계될 만큼 성황을 이뤘다. 학생들 앞에 선 마윈은 미래의 기업가와 비즈니스 리더가 갖춰야 할 능력으로 '3가지 Q'를 꼽았다 그림 3-4. 이익이나 거래처와의 관계를 이야기하는 경영자는 많지만, 사랑을 이야기하는 경영자는 드물지 않을까?

그림 3-4 미래의 기업가, 비즈니스 리더가 갖춰야 할 3가지 Q

IQ	Intelligence Quotient	지능 지수	지적으로 얼마만큼 뛰어난가
EQ	Emotional Quotient	감성 지수	고난을 극복할 마음과 열정이 있는가 얼마만큼 상대의 기분을 헤아릴 수 있는가
LQ	Love Quotient	사랑 지수	사랑이 있는 사람인가

다른 에피소드도 있다. 한 공개 국제 심포지엄에서 외국인 사회자가 무대 위의 마윈에게 영어로 인터뷰를 하면서 조금 짓궂은 질문을 던졌다.

"구경제 기업 경영자들은 디지털 플랫포머가 자신들의 사업을 빼앗아 간다고 말하는데요. 어떻게 생각하시나요?"

마윈은 당황하는 기색 없이 대답했다.

"거대 구경제 기업은 과거에 자신들보다 기술이 뒤떨어지는 기업의 사업을 빼앗아서 지금의 번영을 이루었습니다. 디지털 기술은 최첨단 도구에 불과합니다. 이 기술을 이용하는 기업이 새로운 성장을 이루는 건 당연한 일 아닐까요?"

사회자는 "그렇군요"라고 대답하는 수밖에 없었다. 짓궂은 질문이 더 이어졌다.

"알리바바는 중국 은행 인수에 뛰어들 건가요?"

마윈은 단호하게 대답했다.

"인수할 계획은 없습니다. 만일 은행 하나를 인수한다면 알리바바의 디지털 기술은 그 은행 하나에 영향을 미치는 데 그치지 않겠어요? 우리는 이 기술로 모든 은행을 지원할 겁니다. 은행은 지난 몇 년간 엄청난 속도로 디지털 기술을 이용한 무현금 결제와 운용 기법 등을 도입했습니다. 그로 인한 혜택은 이용자인 국민에게 돌아가겠죠. 비유하자면, 호랑이(알리바바)가 쫓아오는데 부리나케 달려야지, 별수 있겠어요?"

마윈의 이 농담에 회장에 있던 사람들이 일제히 웃음을 터뜨렸다.

알리바바를 성공으로 이끈 '알리페이'의 결제와 신용 보완

알리바바를 이해하기 위해 성장 과정을 간단히 살펴보자. 알리바바는 미국의 거대 디지털 플랫포머와 마찬가지로 이름 없는 작은 스타트업으로 시작했다. 중국에는 아직 인터넷이 보급되지 않았던 1995년 작은 번역 회사를 차린 마윈은 미국 시애틀에서 처음으로 인터넷을 접했다고 한다. 그리고 1999년 마윈이 살던 항저우의 한 아파트를 거점으로 고작 18명으로 이루어진 알리바바가 시작되었다.

당시 중국은 인터넷 도입이 크게 뒤처져 있었다. 게다가 미국과 마찬가지로 국토가 넓어서 물건을 팔고 싶은 회사와 소매점을 인터넷으로 연결하기가 대단히 어려웠다. 또 중국은 소규모 기업이 많다는 특징이 있어 인터넷 거래로 신용을 얻기가 어려웠다. 더욱이 2000년대 초반에는 신용카드도 보급되지 않은 상태였다. 이러한 장벽을 무너뜨린 것이 알리바바의 모바일 결제 서비스인 알리페이다.

알리페이의 구조를 구체적으로 살펴보자. 예를 들어 상하이에 있는 X사가 아주 매력적이고 저렴한 장난감을 만들었는데, 베이징에 사는 A가 그 장난감을 아이에게 사 주고 싶다고 치자. A 입장에서는 X사가 정말로 인터넷에 올린 사진과 똑같은 장난감을 보내줄지, 막상 상자를 열었더니 조잡하기 짝이 없는 장난감이 들어 있어서 돈만 버리면 어쩌지 하는 걱정이 앞선다. 한편 X사 입장에서는 A와의 거래 이력이 전혀 없는데 정말 돈을 송금해올지 불안하다.

그러나 알리페이를 사용하면 양쪽의 걱정이 모두 해소된다. 일단 구매자인 A와 판매자인 X사가 각각 알리페이에 계좌를 개설한다. 이것을 에스크로Escrow 계좌라고 한다. A는 장난감을 휴대전화로 주문하고 내용을 확인한 다음 구매 대금을 알리페이의 에스크로 계좌에 입금한다. X사는 A의 알리페이 계좌에 구매 대금이 입금되어 있으므로 안심하고 A에게 장난감을 발송한다.

핵심은 제삼자인 알리페이가 중간에서 신용을 보증한다는 점이다. 그로 인해 판매자와 구매자 사이에 신뢰가 없다는 전자상거래 최대의 난관을 극복할 수 있다. 알리페이는 결제와 신용의 중개 역할을 한다는 점에서 금융 기능 그 자체라고도 말할 수 있다.

알리페이의 결제 구조를 기업과 개인 간 거래인 B2C를 예로 들어 설명했지만, 기업 간 거래인 B2B 즉 구매자인 A가 소매점이어도 마찬가지다. 알리바바의 컴퓨팅 파워로 방대한 양의 거래를 동시에 소화할 수 있는 것이다. 알리페이의 모바일 결제 서비스는 2004년 시작한 이후 폭발적으로 증가하며 알리바바의 전자상거래 매출을 끌어올렸다.

핀테크를 활용해 종합 금융 서비스에 진출

2014년 알리바바는 앤트파이낸셜Ant Financial을 설립해 알리페이를 비롯한 금융 서비스를 산하에 두었다. 현재 알리페이는 국내외 전자상거래에서 구매자와 판매자에게 결제 서비스를 제공하며, 알리바바 이외의 온라인 결제도 대행하고 있다. 전기세, 휴대전화 요금,

월세, 등록금 등도 알리페이로 결제할 수 있으니 이 정도면 이미 금융 기관이나 다름없다. 알리페이는 세계 최대의 제삼자 온라인 결제 서비스로 성장한 것이다.

2007년 아이폰이 출시된 후 중국에서는 스마트폰이 폭발적으로 보급되었다. 중국 현지 기업이 저가 스마트폰을 출시해 시장에 가세하면서 더욱 불을 지폈다. 스마트폰은 디지털과 연결해주는 통로다. 이것이 중국의 무현금화를 이끈 토대였다.

중국에서 오래 생활한 베이징 대외경제무역대학의 니시무라 유사쿠 교수에게 물었더니 "일본에서는 중국에 위조지폐가 많아서 무현금이 확산되었다고 해석하는 경우가 있습니다. 하지만 현지에서 느끼기에는 '공짜인 데다 편리하다'가 이유의 전부예요. 이용자에게 좋은 점이 있으니까 급속도로 퍼진 거죠"라고 수긍할 만한 설명을 해주었다.

특히 도입 비용이 낮은 QR 코드를 통한 자동 결제가 순식간에 확산되었다. 이제 중국에서는 거리의 좌판이나 편의점, 대중음식점에서도 QR 코드로 결제할 수 있다. 모바일 결제가 개척한 중국의 무현금화는 혀를 내두를 정도다.

개인 자금 운용에 진출하며 금융 기관의 거인으로 등극

알리페이로 전자상거래뿐 아니라 공공요금 납부까지 가능해지자

사용자들의 이용 횟수는 점점 더 늘어났다. 중국은 은행 지점이 부족해서 공과금이나 월세를 낼 때마다 길게 줄지어 서서 기다려야 했는데 이제는 그런 번거로움이 사라졌다. 니시무라 교수가 지적했듯 사람들이 '공짜인 데다 편리한' 서비스로 몰려간 것이다.

알리페이는 거기에서 한 걸음 더 진화했다. 이용자의 계좌에 남아 있는 자금을 운용하는 서비스를 시작한 것이다. 알리바바는 중국 자산운용사와 제휴를 맺고 스마트폰으로 개인 자산을 운용할 수 있는 서비스를 개시했다. 이제 알리페이는 3억 명 이상이 계좌를 보유한 자산 운용 잔고 230조 원 규모의 세계 최대 MMF[20] 운용사가 되었다.

이용자에게 혜택이 돌아가다 보니 중국 당국도 우호적이었다고 한다. 개인 이용자에게 혜택이 돌아가는 구조가 가능했던 까닭은 금리가 낮지만 선뜻 투자할 생각은 들지 않아서 그냥 예금에 넣어 두었던 개인 자금을 디지털의 힘을 통해 금리가 높은 MMF 투자로 연결했기 때문이다.

한편 금융 업계 전체를 놓고 보자면 운용 수익이 중국의 은행에서 알리바바와 자산운용사 팀으로 이동한 것이 된다. 물론 중국의 은행과 금융 기관도 넋 놓고 있지만은 않았다. 디지털 기술을 이용

---

20 MMF(Money Market Funds) 고객의 돈을 모아 만기 1년 이내의 단기 금융 상품에 집중 투자해 수익을 내는 금융 상품. ─옮긴이 주

해 개인 자산 운용 사업에 뛰어들어 알리페이를 맹추격하고 있다.

이처럼 기세를 더해 가고 있는 알리바바의 금융 서비스는 동남아시아, 인도, 러시아를 비롯한 유라시아 지역을 중심으로 현지 기업이나 금융 기관과 제휴를 맺으며 확대되고 있다. 알리바바 그룹은 가까운 미래에 현지 금융 기관과 협력해 아시아·유라시아에 걸친 거대한 금융 제국을 건설할지도 모른다.

스마트 제조업에 도전을 선언하다

2018년 9월 항저우에 있는 알리바바 본사에서 알리클라우드의 컴퓨팅 콘퍼런스가 개최되었다. 항저우는 상하이에서 고속철도로 한 시간가량 걸리는 휴양지다. 항저우는 오랜 역사를 자랑하는 관광지이자 유명한 《삼국지》의 오나라가 있었던 지역으로 오나라 군주인 손권의 고향이기도 하다. 일본으로 따지면 교토에 비유할 수 있다.

항저우 교외에 위치한 알리바바 본사의 대형 행사장에 들어가려면 출입문을 통과해야 한다. 그런데 중국인 입장객들이 아무것도 제시하지 않고 그냥 행사장으로 들어가는 것이 아니겠는가. 전시회에서 흔히 볼 수 있는 입장 배지도 없었다.

알고 보니 안면 인식이 도입되어 있었다. 참가자들은 안면 인식이 가능하도록 온라인으로 미리 등록해 두고 입장료도 모바일 결

제로 끝마쳤던 것이다. 통역을 해주던 중국인 여성 컨설턴트에게
물어보았다.

"자기 얼굴 데이터를 알리바바가 보관하는 것이 아무렇지도 않
으세요?"

그러자 그 여성은 싱긋 웃으며 대답했다.

"입구에서 줄을 설 필요 없이 그냥 안면 인증만으로 입장할 수 있
어서 정말 편리해요. 그 편리함을 생각하면 제 얼굴 데이터를 IT 기
업에서 보관한다고 해도 아무렇지 않아요."

대외경제무역대학의 니시무라 교수에게 이 일에 대해서 물었다.

"중국 사람들은 개인 정보인 안면 인식용 데이터를 디지털 플랫
폼 기업이나 당국에 넘기는 데 거부감이 없나요?"

니시무라 교수의 대답은 명쾌했다.

"예를 들어 집 근처에 도둑이 들었다고 치죠. 경우에 따라서는 신
변에 위험이 생길지도 모릅니다. 범인이 안면 인식으로 하루빨리 체
포되길 바랄 테죠. 중국 사람들은 그런 목적이라면 자신의 안면 인
식 데이터를 제공해도 좋다고 생각하는 듯합니다. 숨길 게 없이 떳
떳한 사람은 오히려 치안이 좋아졌다고 만족스러워해요. 맹렬한 속
도로 발전해온 중국 사회에는 선진국에서 살아온 일본인으로서는
상상조차 할 수 없는 문제가 산더미처럼 쌓여 있는 것도 사실이죠."

다시 본론으로 돌아가 알리클라우드의 컴퓨팅 콘퍼런스에서 당

시 CEO였던 마윈이 등장해 앞으로 알리바바가 주력할 분야로 꼽은 것은 뜻밖에도 '스마트 제조'였다. 알리바바 그룹이 제조업의 디지털화에 본격적으로 나서겠다는 것인데, 그 핵심은 온디맨드 방식의 맞춤형 대량 생산이다.

전시회장의 알리클라우드 코너를 방문해보니, 세계적으로도 정평이 난 미국의 거대 IT 선도 기업에서 사물인터넷 경험을 쌓은 전문가가 알리바바의 산업용 클라우드 서비스의 책임자로 와 있었다. 그는 인공지능 분석을 시연하며 제조업의 디지털화를 추진해가겠다고 밝혔다. 예를 들면 인공지능의 기계 학습을 통해 에너지를 낭비하거나 대형 보일러 같은 설비의 가동률을 떨어뜨리는 요인을 찾아내 공장 전체의 에너지 비용을 낮추는 데 성공한 사례가 소개되었다. 에너지 분야의 효율화는 디지털 기술과 궁합이 잘 맞아서 세계적으로 실적이 높아지고 있는 분야다. 게다가 독일의 SAP와 지멘스가 알리바바 클라우드의 생태계에 참여해 파트너 기업으로서 존재감을 발휘하고 있었다.

'알리바바가 정말로 제조업을 지원할 수 있을까?' 의아하게 생각할지도 모르겠다. 하지만 마윈이 제시한 비즈니스 모델, IT 플랫포머가 보유한 컴퓨팅 파워, 산업용 클라우드 서비스의 책임자가 설명해준 센서 데이터와 인공지능을 결합한 접근법, 알리바바의 클라우드 생태계에 모여있는 경험이 풍부한 독일의 소프트웨어 기업,

모두가 '디지털 제조업의 성공'을 예감하기에 충분히 설득력이 있었다.

알리바바를 든든하게 떠받치고 있는 디지털 세대 젊은이들

창업 직후인 1999년 마윈이 사무실로 썼던 아파트는 다 먹은 컵라면 용기가 여기저기 널브러져 있고, 그 옆에는 밤새 시스템을 개발한 젊은 엔지니어가 곯아떨어져 있는 상황이었다고 한다. 그리고 그 시절의 열정은 여전히 사라지지 않았다.

알리바바는 사업 조직을 많이 만든 다음, 새로운 디지털 비즈니스를 만들어 별도 회사로 분리하며 사업 영역을 확장하고 있다. 제각기 분리된 젊은 자회사가 모든 역량을 쏟아부어야 하는 시기에는 회사에 마련된 수면실에서 쪽잠을 자며 알리바바 창업 초기와 다름없이 최선을 다한다. 그리고 사무실을 걷다 보면 억만장자가 된 전설의 젊은 에이스들이 스쳐 지나간다.

'언젠간 나도……'

젊은이들은 이렇게 다짐하며 꿈을 향한 도전을 이어가고 있다. 열정으로 가득한 젊은이들이 알리바바의 발전을 든든히 떠받치고 있는 것이다.

2. 텐센트

중국 최대의 디지털 허브, 선전

1998년 설립된 텐센트는 알리바바의 경쟁자로서 중국을 대표하는 디지털 플랫포머 기업이다. 현재 시가총액은 3,957억 달러(약 430조 원)로, 제1장에서 살펴본 세계 시가총액 톱10 기업(26쪽 참조) 중 8위에 올라 미국의 GAFA를 바짝 추격하고 있다. 2018년에는 일본의 대표적인 디지털 관련 기업 중 하나인 히타치제작소가 텐센트와 업무 제휴를 발표해 화제에 오르기도 했다.

텐센트의 본사는 미국의 실리콘밸리와 비교되며 중국의 디지털화를 견인하는 선전에 있다. 홍콩 근처에 위치한 선전은 원래 인구 7만 명 규모의 어촌이었다. 그런데 1980년대 덩샤오핑 당시 국가주석의 개방 정책으로 대성공을 이루며 인구 2천만 명 규모로 성장해 중국을 대표하는 디지털 산업의 허브로 거듭났다.

1990년대 선전을 방문했을 때는 홍콩보다 저렴한 인건비를 무기로 의류 제조기지 역할을 하던 시기라 봉제업이 성황을 이루고 있었다. 막 들어서기 시작한 고층 빌딩 옆 비포장 길로 놀랍게도 마차가 짐을 운반하고 있어서 그 대비가 강렬한 인상을 주었다. 현재 20~30대의 우수한 IT 엔지니어들이 거리를 활보하는 선전을 보면 격세지감을 느낀다.

선전은 어떻게 이렇게까지 급격하게 발전할 수 있었을까? 중국 최초의 경제특구로 선정되어 홍콩과 마찬가지로 관세 부담 없이 생산과 수출을 할 수 있다는 점이 선전의 성장을 가속시켰다. 또 홍콩의 인건비가 상승하면서 1990년대 후반~2000년대에 전자 제품의 위탁 제조 거점 역할이 봉제업에 이어 선전으로 이동했다. 그 후 발전을 이어가면서 중국의 실리콘밸리라고 불리는 디지털 도시로 발돋움할 토대가 마련되었다. 금융 산업에서도 홍콩이나 대만 등의 중화권 자본과 젊은 스타트업의 디지털 기술이 결합하면서 '디지털 산업의 허브' 선전이 탄생했다.

SNS 기업에서 핀테크 & 클라우드 기업으로

디지털 허브 선전에서 가장 성공한 기업인 텐센트의 설립자는 마화텅이다. 알리바바 창업자인 마윈과 성씨가 같지만 LQ를 논하는 마윈과는 여러 면에서 대조적이다. 마화텅은 선전대학 컴퓨터학과를 졸업한 IT엔지니어 출신의 수재로 밸런스형 경영자다. 두 사람은 중국에서 자주 비교 대상으로 오르내린다.

텐센트는 원래 SNS 기업으로 출발한 스타트업이다. 중국 정부의 디지털 데이터 쇄국으로 사실상 미국의 채팅 애플리케이션 기업이 진출할 수 없는 환경에서 중국 국내 경쟁사와 치열하게 다투며 급속도로 성장했다. 텐센트의 커뮤니케이션 애플리케이션인 위챗은 이제 세계 200여 개 국가에서 이용되며 2019년 현재 월간 이용자수가 10억 명에 달한다.

위챗은 일본의 라인LINE, 한국의 카카오톡에 해당하는 애플리케이션으로, 거의 실시간으로 메시지를 주고받을 수 있는 기능(인스턴트 메시지)을 제공한다. 일본에서는 보통 친구나 가족과 소통할 때는 라인을, 업무적으로 소통할 때는 이메일을 사용한다. 하지만 중국에서는 기업뿐 아니라 정부 관련 연구기관까지도 마치 직접 만나서 대화하는 듯한 속도로 인스턴트 메시지를 주고받는다. 미국 실리콘밸리의 IT기업 관계자들만큼이나 빠른 의사 결정 속도는 혀를 내두를 정도다.

또 위챗은 '위챗페이'로 온라인 결제 기능도 제공한다. 일본을 찾은 중국인 관광객들이 위챗페이를 사용하면서 일본에서도 텐센트의 인지도가 높아지고 있다.

금융 결제 분야에서도 알리바바에서 독립한 앤트파이낸셜과 나란히 영향력을 높여 나갈 가능성이 충분해 보인다. 예를 들어 텐센트 본사가 있는 선전이 속한 광둥성의 인구는 1억5천만 명으로 일본의 총인구와 맞먹는 규모다. 선전, 홍콩, 광저우, 마카오를 통틀어 일컫는 '대만구Greater Bay Area'라는 명칭을 들어본 적이 있을 것이다. 선전은 홍콩의 뒤를 바짝 추격하며 금융 중심지 자리를 노리고 있다. 그리고 이 금융 중심지를 지원할 디지털 기술 부분에서 텐센트의 무현금화 기술과 데이터를 다루는 클라우드 컴퓨팅이 중요한 역할을 맡을 가능성도 충분하다.

클라우드형 게임과 의료 영상 기술

거대 IT 기업으로 성장한 텐센트에서 수익을 가장 많이 올리는 사업은 무엇일까? 텐센트의 수입원을 살펴보면, 2018년 전체 이익 중 가장 큰 비율인 25퍼센트 상당이 스마트폰 게임 이용료 등에서 나온다. 구글이 클라우드 게임 서비스를 개시한 것만 봐도 알 수 있듯, 5G가 본격적으로 가동되면 스마트폰이나 태블릿을 활용한 클라우드형 게임은 세계적인 거대 시장으로 발전할 것이다. 텐센트도 클라우드 사업에 주력하겠다는 뜻을 밝혔다. 아마존과 디즈니 등이 힘을 쏟는 영상 콘텐츠 분야도 중국에서는 텐센트가 선도할 가능성이 높아 보인다.

덧붙여 중국 정부가 발표한 '차세대 인공지능 오픈 플랫폼' 중에서 텐센트가 리더십을 발휘할 것으로 기대되는 부분은 사실 의료 영상 분야다. 병원과 제휴를 맺고 과거의 진단 데이터나 의사 네트워크를 활용해 의료 서비스를 향상시키는 등, 의료 분야에 인공지능을 활용하는 선도 기업으로서 역할을 담당하게 될 듯하다.

3. 디디

베이징 중관춘을 대표하는 유니콘 기업으로 성장

선전이 중국 IT산업의 서쪽 일인자라고 한다면 동쪽 일인자는 베이징의 중관춘 지역이다. 중관춘 지역은 인구 2천만 명 규모인 거대도시 베이징의 북서쪽, 중국의 MIT매사추세츠 공과대학라고 불리는 칭화대학과 베이징대학이 모여있는 대학가 인근에 있다.

TV방송국에 버금가는 거대한 접시형 통신 안테나가 시선을 사로잡는 최첨단 지역에 들어서면 IT기업에 근무하는 젊은이들이 거리를 활보하고 있어서 '여기가 실리콘밸리였던가?'라는 착각이 들 정도다. 그런 베이징 중관춘의 디지털 산업을 대표하는 기업 중 하나가 디디DiDi, 滴滴出行다.

디디는 배차 서비스를 제공하는 회사다. 세계 최대의 배차 서비스 기업인 미국의 우버와 비교되는 유니콘Unicorn 기업으로, 소프트뱅크의 비전 펀드도 디디에 투자했다. 유니콘 기업이란 기업 가치가 10억 달러(약 1조2천억 원) 이상인 비상장 스타트업을 말하며, 전 세계 디지털 관련 기업이 이름을 올리고 있다. 일본에서는 인공지능 관련 기업 중 일본의 보물이라고 불리는 프리퍼드 네트웍스 Preferred Networks가 유니콘 기업이다.[21]

배차 서비스로 세계 정상에 올라서다

제1장에서 소개한 스마일 커브를 떠올려 보자(50쪽 참조). 디디는 자동차를 제조, 판매한 이후 제공하는 서비스 부분의 비즈니스 모델인 배차 서비스에서 세계 최고의 점유율을 차지하고 있다.

전작이 중국에서 번역 출간되어 베이징을 방문했을 때의 일이다. 출판사로 이동하려고 호텔 입구에 서 있던 택시를 잡았다. 빈말로도 깨끗하다고는 할 수 없는 낡은 택시의 운전기사는 중국어만 할 수 있어서 손짓, 발짓으로 간신히 주소를 전달했다. 혼잡한 길을 난폭하게 내달리는 택시 안은 라디오 소리가 요란했지만 얼른 도착하기만을 기다릴 뿐 달리 어쩔 도리가 없었다.

그런데 출판사에서 미팅을 마친 후에는 중국인 편집장이 디디 애

---

21 한국 기업 중에는 쿠팡, 위메프, 무신사 등이 유니콘 기업이다. ─옮긴이 주

플리케이션으로 배차 서비스를 신청해주었다. 애플리케이션으로 결제도 끝마친 상태인데다 출판사에 도착한 차량 기사는 벌써 목적지인 호텔 주소도 알고 있어서 그저 타기만 하면 됐다. 운전도 전문가답게 쾌적하고 부드러웠고, 차 안은 조용해서 실리콘밸리에서 경험한 우버가 떠올랐다.

베이징은 뉴욕이나 모스크바만큼이나 규모가 큰 도시이다 보니 세계에서 손꼽힐 만큼 교통 체증이 극심하다. 그래서 택시를 잡을 때는 디디 같은 배차 애플리케이션을 사용하는 것이 지극히 당연한 일이 되었다.

디디는 알리바바 그룹 앤트파이낸셜의 간부 출신인 청웨이가 2012년에 설립한 스타트업이다. 창업한 직후에는 베이징 시내의 택시 회사를 하나하나 돌아다니며 겨우겨우 배차 서비스 기사를 모집했다고 한다. 하지만 2015년에는 텐센트와 제휴를 맺으면서 성장의 발판을 마련했다.

디디는 디지털 기술을 총동원해서 운전기사에게 음성 메시지로 배차 정보를 제공하고, 인공지능을 활용해 기사와 승객을 연결하여 대기 시간을 줄였다. 결국 알리바바 그룹이나 중국에 진출한 미국의 우버와 혹독한 경쟁을 치른 끝에 살아남았고, 지금은 텐센트뿐 아니라 알리바바, 우버에서도 투자를 받고 있다. 등록된 운전기사는 2천만 명이며, 세계 400개 이상의 도시에서 매일 2,500~3,000만

명이 서비스를 이용하는 세계 최대의 차량 공유 회사로 성장했다.

'인공지능×빅데이터'를 철저히 활용해서 스마트 교통 인프라에 진출

디디의 특징은 '인공지능×빅데이터'의 활용이다. 설립 후 고작 7년 만에 직원 수가 1만 명으로 늘어났는데, 놀랍게도 그중 절반에 해당하는 5천 명이 엔지니어와 데이터 과학자다.

베이징의 데이터센터에서는 디디와 계약한 전 세계 차량의 주행 데이터를 수집해 인공지능을 진화시키고 있다. 인공지능이 시시각각 달라지는 지역별 택시 수요를 예측하면 색상의 농담으로 수요 분포를 나타내는 히트맵heatmap이라는 지도에 표시된다. 15분 후의 수요를 예측하여 주행 중인 택시를 자동으로 유도할 수도 있다. 이렇듯 인공지능을 통해 배차가 자동화, 최적화된다는 것이 디디 서비스의 강점이다.

배차 서비스 이용자에게는 대기 시간이 얼마나 짧은지가 가장 중요하다. 그런 니즈를 충족하려면 일단 배차 서비스 차량이 이용자 근처에 있어야 한다. 따라서 히트맵을 이용해 고객의 니즈에 최적화할 수 있도록 인공지능으로 계약 운전기사를 유도하는 것이다.

2018년 디디는 소프트뱅크와 제휴를 맺고 오사카 지역에서 택시 배차 서비스를 시작했다. 2019년에는 도쿄로 서비스 영역을 확대했다. 소프트뱅크에 가입한 스마트폰으로 구글 지도를 검색하면 일본에서 택시 호출 서비스를 제공하는 우버, 재팬택시와 함께 디디를 선택할 수 있다. 같은 해 도요타자동차도 MaaS 분야의 실증 실험에서 디디와 제휴를 맺었다고 발표했다.

또 디디는 '인공지능×빅데이터'의 활용을 더욱 진화시키고 있다. 교통 당국과 협력해 교통 인프라를 분석하고 스마트 신호등을 운용하는 '디디 스마트 교통 브레인'이라는 실험 프로젝트를 중국 20개 도시에서 시작했다.

어쩌면 가까운 미래에 자율주행 기술을 상용화한 기업과 연합해서 로보택시 배차 서비스 사업에 뛰어들 가능성도 있다. 디디는 MaaS 시장의 대형 플레이어로서 앞으로도 주목해야 할 기업이다.

1. 덴소

제2의 창업으로 세계 자동차 산업에 공헌

덴소Denso는 일본의 4차 산업혁명 시대를 대표할 자동차 부품 제조 사로 주목받고 있다. 연결 종업원 수는 약 17만 명이며, 이번 장의 독일편에서 살펴본 보쉬에 이어 세계 2위의 매출을 자랑하는 자동차 부품 제조사다.

덴소는 도요타 그룹의 가장 큰 계열사인데 왜 도요타라는 이름이 붙어 있지 않은지 의아하게 여기는 사람도 있을 것이다. 2019년 창립 70주년을 맞은 덴소는 원래 도요타자동차의 전장 부품 사업부였다. 1949년 도요타자동차에서 독립할 때 일본 자동차 산업의 기초를 다진 도요타자동차의 창업자 도요타 기이치로로부터 '자동차 산업 전체에 공헌하라'는 사명을 받아, 회사 이름에서 도요타를 빼고 '니폰덴소日本電裝'라는 이름으로 시작했다.

그 후 외국 자동차 제조사 등으로 판매처를 확대해 지금은 도요타 그룹과 그 외 기업의 거래 비율이 대등한 수준에 이르러 일본뿐 아니라 세계 자동차 산업계에 공헌하는 기업으로 발전했다. 덴소는 자동차 업계가 100년에 한 번의 변혁기를 맞이한 지금을 제2의 창업기로 규정하고 도요타 그룹을 지원하며 혁신을 이어나가고 있다.

공장의 사물인터넷화로 세계 최고 수준에 도전하다

덴소는 세계 38개국 130개 공장에서 사물인터넷화 프로젝트를 시작했다. 세계 각지에 퍼져 있는 덴소의 공장은 생산 라인 2,500개, 생산 설비 15만 대의 규모다. 2020년까지 이들 공장 전체를 연결해 전 세계 직원이 마치 한 지붕 아래에 있는 듯한 공장을 실현하고, 생산성을 2015년 대비 30퍼센트 높이겠다는 목표를 세웠다.

덴소가 목표로 하는 사물인터넷 공장은 변화가 필요한 정도에 따라 라인이나 공장별로 사물인터넷 시스템을 활용하는 수준을 5단계로 나누어 진행한다.

레벨 1 실시간 정보를 눈으로 확인할 수 있다

레벨 2 정상·이상 경보음이 울린다

레벨 3 축적한 데이터로 예측한다

레벨 4 데이터를 바탕으로 자율 제어한다

레벨 5 가동을 중단하지 않고 불량을 만들지 않는 혁신적인 효율화를 이룬다

공장의 문제 자체를 없애는 것은 사람의 힘으로도 얼마든지 가능하다. 그런데 이 프로젝트의 배경에는 사람이 관리하던 항목 중에서 기계에 맡길 수 있는 항목은 기계에 맡기고, 숙련자의 지혜와 감을 '시각화'한 다음 디지털의 힘을 활용해 전 세계 제조 거점에서 일하는 종업원들의 의식을 '개선 및 신규 사업'에 집중시키면 인간의 지혜를 고부가 가치 활동으로 전환할 수 있는 생각이 깔려 있다. 제조 현장에 사물인터넷을 적용하는 목적을 디지털을 통한 자동화라는 일차원적인 수준에 그치지 않고 '인간과 기계가 협력하여 부가 가치를 높이는 사내 시스템을 만들어나가는 것'에 두고 있다는 점에서 제조 인재 육성을 중요하게 여기는 일본 기업 특유의 문화를 엿볼 수 있다.

또 일본 제조 현장의 핵심 인재만이 아닌, 전 세계의 공장 직원이 다 함께 공장의 사물인터넷화를 추진하고 있다는 점은 특히 주목할 만하다.

독일에서 주목받은 소형 로봇

2019년 4월 인더스트리 4.0의 최신 기술이 전 세계에 소개되는 하

노버 산업박람회의 산업용 로봇 전시 부스에서 덴소 웨이브Denso Wave가 상품화한 소형 로봇이 주목을 받았다. 이 소형 로봇의 이름은 '코보타COBOTTA'다. 실험실이나 자택 창고 등에서도 사용할 수 있는 어른 팔목 정도 크기의 로봇으로, 이름은 귀엽지만 앞으로 발전할 디지털화의 관점에서 보면 커다란 잠재력이 숨어 있다.

원래 덴소는 자사 공장의 자동차 부품 제조를 효율화하고 직원들을 3D 작업에서 벗어나게 할 목적으로 로봇을 개발하기 시작했는데, 그 역사는 50년에 이른다. 이 소형 로봇은 '언제 어디서든 쉽게 사용할 수 있는 인간과 협동하는 로봇'을 목표로 한다. 공장에서도 설비를 소형화하면 조작이나 운반이 편리해져서 세팅 시간이 단축되므로 원가를 절감할 수 있다.

하노버 산업박람회에서는 의약품 연구 현장에서 코보타 4대가 협동해 작업하는 시연을 선보이며 인공지능을 통해 앞으로 더욱더 발전할 수 있음을 시사했다 그림 3-5. 앞으로 컴퓨팅 파워가 더욱 향상되면 공장에서 가동하는 대형 산업용 로봇뿐 아니라 3D 프린터나 소형 로봇도 제어하는 데 드는 비용이 낮아질 것이다. 그렇게 되면 이 소형 로봇의 수요는 신약 개발 실험이나 소매점 같은 서비스 산업 등으로 확장될 가능성이 높다.

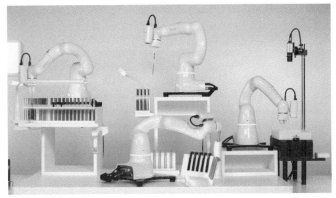

제공 주식회사 덴소 웨이브

자율주행과 MaaS를 향한 도전

이번에는 모빌리티의 서비스화, 자율주행, MaaS 분야에서 덴소의 동향을 살펴보자. 2019년 5월 덴소는 클라우드 시장에서 세계 최고의 점유율을 자랑하는 AWS와 MaaS 분야에서 제휴를 맺었다고 발표했다. 덴소는 AWS와 협력해 2021년부터 미국 시장에서 CASE의 C에 해당하는 커넥티드 카와 MaaS 관련 서비스를 제공할 계획이다. 이번 장의 미국편에서 소개했듯 AWS는 세계 최대의 클라우드 컴퓨팅을 제공하는 기업으로서 제1계층의 플랫포머로 성장했다.

또 이에 앞서 덴소는 2019년 1월 미국 라스베이거스에서 개최된 전자제품 박람회 'CES 2019'에서 MaaS 시장을 타깃으로 하는 차량용 컴퓨터 플랫폼 '모빌리티 IoT 코어Mobility IoT Core'를 공개했다. 사

171

측의 설명에 따르면 MaaS에 필요한 새로운 커넥티드 기술을 차량용 컴퓨터에 탑재해 처리 능력을 높였다고 한다. 주행하는 자동차에서 최대한 데이터를 처리함으로써 클라우드에 송신하는 데이터를 줄여 클라우드 서버의 부담을 덜어준다. 모빌리티 IoT 코어는 차량의 위치 정보와 속도, 핸들, 액셀, 브레이크 등의 데이터를 수집할 뿐만 아니라 수집한 데이터를 자동차 측에서 가공해 클라우드 서버와 연계하는 것을 목표로 하고 있다.

도쿄만 지역에 속속 모여드는 디지털 거점

지금 도쿄만 지역에는 도요타 그룹의 차세대 모빌리티와 CASE, MaaS 사업을 실현하기 위한 핵심 멤버들이 집결하고 있다. 그룹의 중심축인 도요타자동차는 미국 실리콘밸리에 설립한 인공지능 연구소 TRIToyota Research Institute의 성과를 자동차에 탑재하기 위해 덴소, 아이신정기에서 각각 5퍼센트씩 출자를 받아 TRI의 자회사인 TRI-ADToyota Research Institute Advanced-Development를 도쿄에 설립했다. 도요타자동차가 구축한 모빌리티 서비스 플랫폼인 '도요타 MSPF'를 탑재하는 움직임에 속도를 내고 있는 것이다.

　자율주행 제어 기술 개발에 뛰어들겠다고 발표했던 덴소, 아이신정기, 아이신정기의 자회사인 어드빅스Advics, 제이텍트Jtekt는 이 움직임을 전후로 2019년 4월 합작 회사인 '제이-쿼드 다이내믹스J-QuAD

DYNAMICS'를 설립했다. 이 합작 회사는 인공지능의 판단을 바탕으로 자동차의 핸들이나 액셀, 브레이크 등을 신속하고 정확하게 자동으로 제어하는 부가 가치 높은 차량 통합 제어 시스템을 개발할 예정이다. 새 합작 회사는 자본을 투자한 4개 회사로부터 위탁받는 형태로 소프트웨어를 개발하여 도요타자동차뿐 아니라 일본과 외국의 다른 자동차 제조사에도 서비스를 제공할 예정이라고 발표했다.

또 덴소는 2018년 도쿄 지역에 신규 사업소인 '글로벌 R&D 도쿄Global R&D Tokyo'를 개설했다. 이 사업소는 첨단 인공지능과 소프트웨어를 개발하는 엔지니어를 확보하고 첨단 기술, 첨단 모빌리티 시스템의 기획, 개발, 도시형 자율주행의 실증에 박차를 가했다. 2020년 6월에는 개발한 자율주행 등의 실증 실험을 하기 위해 하네다 공항 철거 부지에 테스트 코스를 설치했다.

나아가 CASE를 지탱하는 하드웨어 부분인 차량용 반도체 분야에서는 2019년 7월 덴소와 도요타자동차가 손잡고 차세대 차량용 반도체를 연구·개발하는 500명 규모의 합작사를 아이치현 덴소 첨단기술연구소 내에 설립할 예정이라고 발표했다.

덴소는 그야말로 제2의 창업기에 걸맞은 활발한 움직임을 보이고 있다. 도요타자동차 및 그룹 계열사와 협력해 전 세계 모빌리티의 디지털화·서비스화 분야에서도 세계 표준을 획득할 거대 부품 공급사로서 앞으로도 주시해야 할 듯하다.

2. 야마자키 마작

공작 기계로 스마트 공장을 실현하다

일본이 세계에 내세울 만한 산업 중 하나는 공작 기계로 대표되는 설비기계 산업이다. 공작 기계는 제조 데이터를 수집하는 스마트 공장에서도 제조 프로세스의 중심 역할을 하는 기간 인프라다. 제2장에서 소개한 가상 물리 시스템CPS(88쪽 참조)에서는 물리적 공간인 공장 현장과 가상 공간인 디지털을 연결하는 중요한 역할을 한다.

세계를 대표하는 공작 기계 제조사 중 하나인 야마자키 마작 Yamazaki Mazak은 2017년 아이치현에 있는 본사에서 스마트 공장을 가동했다. 마작 아이스마트 팩토리Mazak iSMART Factory라고 불리는 이 공장은 '공작 기계가 공작 기계를 만드는' 획기적인 사물인터넷

그림 3-6 야마자키 마작 본사의 스마트 공장

제공 야마자키 마작 주식회사

공장이다.

제품인 공작 기계를 제조하는 사물인터넷 공장을 직접 개발해 가동하고 '모든 생산 활동을 디지털 데이터화'하여 품질 및 생산성 향상이라는 부가 가치와 결과를 만들어내고 있다. 그리고 그 사물인터넷 공장에서 쌓은 노하우와 사용하는 통신 기기를 솔루션으로 제품화, 서비스화해서 고객에게 판매하는 체제를 갖추었다.

제조업인 자사 공장을 스마트화해서 다품종 소량 생산 등의 맞춤형 대량 생산을 실현하고, 납기 단축이나 경제적인 메리트 등의 결과를 낸다. 그리고 그 결과를 솔루션으로 만들어 고객과 공유한다. 이러한 비즈니스 모델은 설득력이 있다.

2019년 11월에는 기후 현 미노카모 시의 공장 2곳을 디지털 통합하고 스마트 공장화하여, 본사 공장 대비 연면적이 5배나 넓은 공장에서 생산성을 1.5배로 높였다.

세계를 대표하는 공작 기계 제조사의 디지털 기업을 향한 도전

야마자키 마작은 공작 기계 등의 제품 수출 비율이 80퍼센트가 넘는 글로벌 기업이다. 2019년에 창업 100주년을 맞은 야마자키 마작은 독일편에서 소개한 보쉬와 마찬가지로 비상장 원칙을 고수하면서 세계 시장을 선도하는 공작 기계 제조사로 성장해 왔다.

1974년에는 미국 공장 가동을 시작하며 일본 공작 기계 제조사의 해외 생산에 앞장서고, 1981년에는 본사 공장의 야간 가동을 시작하며 세계 최초로 공장 무인화를 실현했다. 최첨단 무인화 공장의 보도를 접한 영국의 대처 총리(당시)가 영국에 진출해 달라고 직접 요청해서 영국에 생산 공장을 설립한 에피소드도 남아 있다.

본사 사물인터넷 공장에 들어가면 넓은 공장 안에 작업자는 몇명 없고 무인 운송차인 AGV^Automatic Guided Vehicle가 제조 중인 부품을 운반한다. 또 공장 기기로 데이터를 처리하는 에지 컴퓨팅 장치를 미국 통신기기 제조사인 시스코 시스템즈^Cisco Systems와 공동 개발하였는데, 이 장치를 이용해 설비 기기를 안전하게 네트워크에 접속시키고 데이터를 수집하여 공장의 가동 상황을 가시화했다. 본사 공장뿐 아니라 공작 기계를 제조하는 세계 각국 공장의 가동 상황도 실시간으로 확인할 수 있다.

스마트 공장을 실현하기 위한 로드맵

야마자키 마작의 스마트 공장 도입은 5단계의 로드맵으로 구성되어 있다. 1단계는 사이버 보안을 높인 설비 기기의 네트워크 접속과 가시화다. 제조사나 모델의 연식과 상관없이 에지 컴퓨팅 장치를 이용해 모든 설비 기기의 센서 정보를 비롯한 가동 데이터 정보를 전사적으로 공유하고 가시화한다. 야마자키 마작의 국내외 공장 10곳에서 이미 이 장치를 가동 중이다. 2단계에서는 수집한 데이터를 빅데이터 분석하여 생산성 향상과 예방 유지 보수 등에 활용한다. 3단계에서는 시스템의 연계를 강화하여 각 공정이나 공장 전체를 최적화한다. 야마자키 마작의 본사 공장에서는 기업 경영 시스템ERP에 제조 실행 시스템MES과 자동화 시스템, 물류 시스템 등을 연결하는 고도의 연계 네트워크가 구축되어 있다. 4단계에서는 숙련공의 노하우를 수치화하고, 기계 학습을 비롯한 인공지능 기술로 제품과 생산 시스템을 최적화한다. 현재 야마자키 마작은 이 단계에 도전하고 있으며, 제2장에서 소개한 디지털 트윈 기술을 활용한 디지털 시뮬레이션에 매진하고 있다. 5단계에서는 자율적으로 진화를 이어나가는 마작 아이스마트 팩토리의 근미래 비전이 제시되어 있다.

4차 산업혁명은 제조업의 디지털화를 촉진하였고, 로컬 5G를 이용한 스마트 공장이나 맞춤형 대량 생산 등의 실증 실험이 전 세계에서 진행되고 있다. 이러한 상황은 공작 기계 제조사에도 큰 환경의 변화를 불러일으켰다. 야마자키 마작은 이 변화를 기회로 받아들이고 적극적으로 디지털화를 추진하면서 세계 시장을 선도하고자 전력을 다하고 있다.

3. 패스트리테일링
(유니클로)

글로벌 기업으로 발돋움한 패스트리테일링

4차 산업혁명으로 인한 대변혁을 인식하고 적극적으로 대응하는 기업이 있다. 의류 브랜드 유니클로를 보유한 패스트리테일링이다. 유니클로의 일본 국내 매장은 2,000여 개, 해외 매장은 1,200여 개로 전체 매장 수는 약 3,500개에 이른다. 패스트리테일링은 매출 20조 원이 넘는 세계 3위 의류 회사로 성장했고, 해외 매출이 일본 국내 매출을 웃돌며 글로벌 기업으로 빠르게 변신했다.

일본에서 의류 산업은 인구 감소로 인해 시장이 축소될 것이라는 우려와, 유행에 민감해서 재고와 반품 부담이 크다는 고정관념이 뿌리 깊게 박혀 있었다. 패스트리테일링은 이런 고정관념을 깨트리고 과감히 세계 시장에 도전장을 내밀어 글로벌 기업으로 발돋

움했다.

'모든 사람이 고품질 옷을 입게 하겠다'는 패스트리테일링의 비전은 세계 각국에서 인정받고 있다. 예를 들어 겨울 추위가 매섭고 품질에 까다롭기로 유명한 유럽에서는 발열 기능 소재로 만든 이너웨어 '히트텍'과 초경량 패딩인 '울트라 라이트 다운'이 높은 평가를 받고 있다. 겨울에 유럽으로 출장을 떠날 때면 작은 파우치에 쏙 들어가는 유니클로의 경량 패딩을 잊지 않고 챙기는 편이다.

'아리아케 프로젝트'를 통해 '정보 제조 소매업'으로 혁신

2018년 3월 패스트리테일링의 야나이 다다시 회장 겸 사장은 유니클로 본부를 도쿄만 지역인 아리아케로 이전하며, 업무 방식을 과감히 혁신하고 물류의 스마트화를 추진해 '제조 소매업'에서 '정보 제조 소매업'으로 거듭나겠다는 '아리아케 프로젝트'를 발표했다. 야나이 회장은 정보 제조 소매업에 관해 설명하면서 "의류 업계에서 제조와 인터넷을 융합한 혁명을 일으키고 싶다"고 말했다.

지금까지 패스트리테일링은 기획, 디자인, 생산, 판매에 이르는 모든 과정을 총괄하는 제조 소매업 비즈니스 모델을 전 세계에서 진행해 왔다. 패스트리테일링은 자사 공장 없이 위탁 생산하는 팹리스fabless(영어로 '공장을 갖지 않는'이라는 의미) 기업이라고 의아하게 여기는 사람도 있을 것이다. 하지만 가치 사슬 전체를 놓고 보면 팹

리스인지 아닌지는 자체 공장에서 생산하는지 위탁 공장에서 생산하는지의 차이일 뿐이다. 그 과정이 크게 다르지 않기 때문이다. 포스POS; Point of Sales(판매 시점 정보 관리) 등을 통해 축적된 판매 정보를 바탕으로 생산 및 판매 계획을 세우고 디지털화된 디자인을 활용하면 어떤 의류 회사든 충분히 제조 소매업을 실현할 수 있다.

또 패스트리테일링은 제조 소매업에서 정보 제조 소매업으로 거듭나기 위해 본사에 신설한 아리아케 물류 센터에서 물류 관리 부문의 대혁신을 실행했다. 물류 업계에서 세계 최첨단 기술을 보유한 다이후쿠Daifuku와 제휴를 맺고 아리아케 물류 센터에서 상품의 자동 하역, RFID[22]를 활용한 검품의 완전 자동화, 3차원 자동 입출고 등을 추진했다. 그 결과 고객이 온라인으로 주문한 제품을 창고에서 출하하기까지 걸리는 시간을 기존의 8~16시간에서 15분~1시간까지 단축하는 데 성공했다. 앞으로 이 성과를 바탕으로 국내외 물류 창고의 자동화를 추진해 나갈 예정이다.

구글 산하의 클라우드 기업과 제휴

2018년 9월 패스트리테일링은 미국의 구글 산하에 있는 클라우드 기업과 제휴를 맺었다고 발표했다. 인공지능의 기계 학습, 영상 인

---

22 RFID 무선 주파수를 이용해 물건이나 사람 같은 대상을 식별할 수 있게 해주는 기술.—옮긴이 주

식 같은 최첨단 디지털 기술을 활용해 상품의 트렌드와 구체적인 수요를 예측하는 시스템을 구축한다는 계획이다.

제2장의 가상 물리 시스템, 이번 장의 아디다스 스피드 팩토리에서 소개한 고리 모양 화살표 그림을 떠올려보자(**그림 2-8**, 86쪽 참조). 우선 '인공지능×빅데이터'가 가장 많이 활용되고 있는 디지털 마케팅에 디지털 기술을 도입해 국가별, 지역별 시장 데이터를 분석한다. 그런 다음 그 데이터를 바탕으로 디지털상에서 옷을 디자인하거나 제조 발주 및 재고 관리를 최적화할 방안을 계획한다. 이런 식으로 디지털 기술 도입을 확장해 나간다면 매끄럽게 '정보 제조 소매업'으로 전환할 수 있지 않을까?

4차 산업혁명 시대에 경영자에게 중요한 것

4차 산업혁명에서 기업이 크게 변화하려면 경영자 본인이 '인공지능×빅데이터', 디지털 기술과 그 기술의 도입에 대한 지식과 활용 능력을 높이는 것이 중요하다. 그런 관점에서 보았을 때 패스트리테일링을 이끄는 야나이 회장은 세계 최고 수준의 인공지능 연구자가 '세계 최첨단 기술에 관한 지식을 습득하는 데 힘쓰는 경영자'라고 높이 평가할 정도다.

해외 관계자들은 종종 '일본의 기업 경영자는 인공지능 등 기술에 관한 정보 수집을 보도 자료나 자사의 기술 부문에서 받은 피드

백에 의존하는 경향이 강하다'고 지적한다. 그런 상황에서 야나이 회장은 해외 과학자들의 목소리에 직접 귀를 기울인다고 하니, 과연 세계 최고의 의류 기업을 목표로 하는 패스트리테일링의 전략에 수긍이 간다.

야나이 회장은 "인터넷과 인공지능의 진화는 4차 산업혁명으로 일컬어지는 산업의 변화에만 머무르지 않고 사람들의 생활 자체를 완전히 뒤바꿔 놓는 일대 혁명을 일으킬 것"이라는 견해를 내비쳤다.

세계적으로 보자면 의류 업계에서도 제조의 디지털화가 급속도로 진행되고 있다. 패스트리테일링은 디지털 마케팅 분석과 물류를 시작으로 디지털화와 최적화에 도전하며 '좋은 품질의 제품을 전 세계에 압도적인 속도로 제공하겠다'는 움직임에 더욱 박차를 가할 것이다. 정보 제조 소매업이 실현된다면 패스트리테일링이 세계 시장에서 최고의 의류 브랜드로 도약할 가능성은 충분해 보인다. 디지털화로 세계 최고 브랜드에 도전하는 패스트리테일링의 움직임에서 당분간 눈을 뗄 수 없을 듯하다.

4차 산업혁명에서
기업 경영자에게 필요한 자질

2017년 10월 20일 수록

> **롤랜드 버거**Roland Berger 독일 롤랜드버거 명예 회장
>
> 1967년 유럽 최대 컨설팅 회사인 롤랜드버거를 설립하고 2003년까지 최고 경영 책임자를 맡았다. 독일 정부 평의회, 국내외 기업의 경영감사 위원회 등을 거쳐 2010년부터 롤랜드버거의 명예 회장을 맡고 있다. 과거 독일 경제에너지부 장관 취임 요청을 거절하고 컨설턴트로서 기업 경영자와 정부에 자문 역할을 하는 데 충실하겠다는 자세를 관철한 독일 재계의 중진이다. 롤랜드버거는 독일 인더스트리 4.0 프로젝트의 기획과 시행을 지원한 전략 컨설팅 회사로 알려져 있다.

4차 산업혁명에서 기업 경영자에게 필요한 자질

오기 세계적으로 4차 산업혁명이 추진되고 있습니다. 다보스 포럼을 주최하는 세계경제포럼도 독일 인더스트리 4.0에 동의해 4th Industrial Revolution네 번째 산업혁명이라고 부르고 있죠. 일본에서도 4차 산업혁명이라고 부르는 경우가 많습니다. 이런 거대한 변화의 시대에 기업은 무엇을 가장 중요하게 생각해야 할까요?

버거 경영자가 가장 중요합니다. 경영자 스스로 4차 산업혁명과 디지털화의 본질을 정확히 파악하고 선두에 서서 기업을 이끌어야 합니다. 사물인터넷은 자원이나 재료의 조달부터 기획, 설계, 생산,

물류, 서비스까지 가치 사슬 전체를 연결합니다. 최적화, 효율화가 진행될수록 가치 사슬 전체는 점점 더 단축될 겁니다. 부가 가치를 창출하지 않는 중개업자는 도태되겠죠. 기업 경영자는 적극적으로 기술을 활용해 생산성을 높여서 더욱더 혁신적이고 가치가 높은 제품과 서비스를 만들어내야 합니다.

오기 독일 기업의 경영자 중에 그런 움직임을 보이는 사람은 누가 있나요?

버거 글쎄요. 보쉬의 CEO 폴크마 덴너Volkmar Denner를 예로 들 수 있겠군요. 거대한 변화를 이해하고 비즈니스 모델을 혁신하면서 보쉬 그룹의 디지털 기술 수준을 높이고 있습니다. 그를 잘 아는데, 보쉬의 기술 수준과 기술에 대한 접근 방식은 독일 최고 수준이라고 느낍니다.

1980년대 독일 기업의 '일본 배우기'

오기 버거 회장님은 일본통이라고 들었습니다. 일본을 방문하는 시기는 대개 벚꽃의 계절, 단풍의 계절이라고 하던데요. 일본을 방문하기에 가장 좋고 아름다운 시기를 잘 아시는군요(웃음).

버거 실은 30년 이상 매년 일본을 방문했습니다. 1980년대까지 일본의 생산 기술과 경제 성장의 비밀을 배우고 싶다며 일본을 찾는 독일 기업과 정부 관계자가 많았습니다. 예를 들면 도요타의 간

판 생산 방식23에서 방향성을 모색한 독일 기업도 적지 않았죠.

현재 제조업과 서비스업에 4차 산업혁명이라는 변화의 물결이 몰려오고 있습니다. 이러한 변화에 적극적으로 대응하는 독일의 선도 기업으로는 보쉬 외에도 지멘스와 SAP 등이 있습니다. 지멘스는 자동화 분야, 보쉬는 모빌리티와 사물인터넷, SAP는 소프트웨어 개발 분야에서 중요한 기업이죠. 전 세계에서 다양한 사물인터넷 플랫폼이 생겨나고 있는데, 일본과 독일이 제휴를 맺는 것도 좋은 아이디어 같습니다.

제조업 분야의 사물인터넷은 기계와 기계의 연결M2M; Machine to Machine을 중시하다 보니 아무래도 새로운 기계에 시선이 가게 마련입니다. 하지만 저는 기존 기계와의 연결성도 중요하다고 생각합니다. 앞서 말씀드린 보쉬는 기존 기계와의 연결성이 뛰어납니다. 보쉬의 매출은 자동차 부문이 60퍼센트, 기타 부문이 약 40퍼센트로, 디지털 전환Digital Transformation 분야를 포함해 자동차 이외의 다른 분야에도 힘을 쏟고 있죠.

일본과 독일, B2B를 통해 세계의 디지털 리더로

오기 ┃ 기계와 로봇에서도 중국 기업의 힘이 커지고 있다는 지적

---

23 생산 현장의 원자재와 재공품의 흐름을 분석하고 제조 설비의 배치를 최적화해 낭비를 철저히 제거하고 생산성을 향상시키는 생산 방식을 말한다. — 옮긴이 주

이 많아졌는데요.

버거 맞습니다. 중국은 지금 기술력을 키우고 있어요. 전 세계의 4차 산업혁명 추진 상황을 보자면 미국과 중국은 B2C에 집중하고 있습니다. 반면 일본과 독일은 B2B에 힘을 쏟고 있으니, 미국과 중국에는 없는 강점을 발휘해서 제조업의 마켓 리더가 될 수 있지 않을까요?

오기 독일은 정부와 산업계, 학계의 협력이 대단히 잘 이루어지고 있는데요. 이들이 함께 추진하는 인더스트리 4.0 프로젝트와 디지털화를 이끄는 리더는 누구라고 생각하시나요?

버거 디지털화 추진과 관련해서는 독일 공학한림원Acatech이 정부에도 조언하고 있습니다. 헤닝 카거만Henning Kagermann 독일 공학한림원 회장은 이 분야에 가장 정통한 인물 중 한 사람이죠. SAP 사장 출신이다 보니 디지털화를 추진하는 SAP와도 관계가 아주 좋습니다.

디지털 시대에 걸맞은 교육 이니셔티브의 필요성

오기 일본과 독일의 공통 과제는 무엇이라고 생각하시나요?

버거 독일도 일본도 고령화 사회에 접어들어서 노동 인구의 감소가 우려됩니다. 이미 청년층과 고령층의 인구 비율이 동일한 수준에 이르렀죠. 따라서 인공지능과 사물인터넷 기술은 노동력을 보완하는 형태로 발전해야 한다고 생각합니다.

일본과 독일은 이러한 환경을 고려한 교육 이니셔티브Education Initiative를 추진해야 합니다. 4차 산업혁명이 초래할 거대한 변화는 그 누구도 상상하지 못할 만큼 급격하고 근원적일 겁니다. 변화에 대처하려면 정부와 민간 기업이 힘을 합쳐서 기존 노동자를 재교육해야 하죠.

일손 부족으로 고용 기간이 늘어나면서 70대까지 일하는 고령층도 생길 것으로 보입니다. 청년층은 프로그래밍 등을 배우는데, 고령층도 평생 학습이 필요합니다. 그리고 고용 안정화도 중요한 문제라고 생각합니다.

디지털 시대 선진국의 책임이란?

버거 독일과 일본은 개발도상국이 디지털 기술을 이용해 발전할 수 있도록 지원해야 한다고 생각합니다. 그것이 선진국의 의무 아닐까요? 앞으로 성장이 기대되는 국가로는 인도에 주목하고 있습니다. 인구가 십수억 명에 이르고 IT에 강한 인재가 풍부하다는 점도 특징이죠.

오기 자동차 산업에서도 130년 역사에 걸쳐 일어난 변화가 앞으로 20년 동안 일어난다고 예상되는데요.

버거 맞습니다. 독일과 일본의 세계 최고 수준의 자동차 제조사와 자동차 부품 제조사들은 앞으로 모빌리티의 변화에 발맞춰 크게 변화할 것입니다. 관점을 바꾸면 젊은 세대를 포함해서 이만큼 도전할 기회가 많은 시대도 없지 않을까요? 모두 마음껏 꿈을 펼치며 세계를 선도해 나가길 바랍니다.

세계 각국의
4차 산업혁명
추진 상황

독일 디지털 가치 사슬의 추진

미국 정부의 거대 IT 기업 지원과 산업인터넷 컨소시엄

중국 중국 제조 2025와 인공지능 전략, 바다거북 작전

한국 사물인터넷과 제조업의 융합을 향한 도전과 고민

일본 세계의 시험대에 오른 리더십

1. 디지털 가치 사슬의 추진

수평적인 디지털 연결로 가치 사슬을 잇다

독일이 인더스트리 4.0이라는 국가 프로젝트를 시작하면서 가장 중시한 분야는 자동차 산업이다. 이제 자동차 산업은 만들어서 파는 시대에서 이동을 서비스로 제공하는 MaaS(56쪽 참조)까지 커버해야 하는 시대로 진화하기 시작했다.

그림 4-1 인더스트리 4.0이 지향하는 스마트 공장의 수평적 연결

디지털화된 정보 통신 네트워크로 가치 사슬을 연결

스마트 공장 A (소재, 부품)	↔	스마트 공장	↔	스마트 공장 C (조립)
스마트 공장 B (소재, 부품)	↔		↔	스마트 공장 D (조립)

한편 자동차 공장의 제조 부분만 떼어 놓고 보면, 독일에서는 가치 사슬 전체가 다 함께 디지털화하는 것을 중요하게 여긴다. 인더스트리 4.0 프로젝트에서 수평적 연결이라고 표현되는 접근법이다 `그림 4-1` .

대학의 대혁신이 가속시킨 '중견·중소기업 4.0' 프로젝트

독일이 지향하는 수평적으로 연결된 디지털 가치 사슬을 실현하려면 대기업뿐 아니라 중소기업의 디지털화가 대단히 중요하다. 중소기업의 디지털화를 중시하는 독일 정부는 인더스트리 4.0 프로젝트를 추진하는 과정에서 미텔슈탄트 4.0Mittelstand 4.0 프로젝트를 발표했다. '미텔슈탄트'란 '중견·중소기업'이라는 의미다.

독일에는 '히든 챔피언'이라고 불리는 강소기업이 많이 있다. 히든 챔피언이란 기업 간 거래인 B2B에 주력하여 개인 소비자에게는 이름이 널리 알려지지 않았지만 세계 최고 수준의 기술을 보유한 중소기업을 가리킨다.

독일 정부는 이러한 중견·중소기업을 대상으로 한 프로젝트의 일환으로 독일의 산업 집적지에 중견·중소기업이 인더스트리 4.0의 디지털 기술을 체험할 수 있는 역량강화센터를 설치했다. 주목할 것은 독일 각 주를 대표하는 공과대학과 응용연구기관인 프라운호퍼 연구소 등이 이 역량강화센터를 실질적으로 운영하고 있다는 점이다. 대학과 연구 기관의 디지털 제조 기술 전문가가 역량강화센터 직원을 겸직하는 경우도 적지 않다. 공과대학 등의 젊은 연구생이나 공학부 학생들이 중견·중소기업의 현장 직원에게 디지털 기술에 관해 설명하는 것이다.

이쯤에서 이런 의문이 드는 사람도 있을 것이다. '대학 교수나 연구생이 역량강화센터에서 겸직하다니, 조금 이상하지 않나? 다 떠나서 대학 관계자가 민간 기업을 지원하는 업무에 얼마나 신경을 쓰겠어?'

한국이나 일본에는 거의 알려지지 않았지만 사실 독일은 대학의 대혁신을 추진해 왔다. 예컨대 독일 정부 주도로 대학의 응용연구 교수와 강사들의 인사 평가 기준을 변경하는 대담한 개혁을 추진하고 있다. 대학이 가진 노하우를 바탕으로 기업 활동을 지원하는 교수에게는 높은 점수를 주는 한편, 논문만 쓰고 기업의 혁신에는 관심도 없고 지원도 하지 않는 교수는 대학의 중요한 직책에 발탁하지 않는다는 과감한 개혁 방안이다. 산학 협력을 이끌어내기 위해 대학 조직의 인사 평가 기준부터 대폭 손본 것이다. 독일의 대학 교수가 유럽 최대의 응용연구기관인 프라운호퍼 연구소 소장을 겸임하는 경우가 많은 것도 이러한 개혁의 결과다.

중소기업의 디지털화를 지원하는 예산 일부는 대학과 연구소에 소속된 젊은 연구원들의 경제적 지원으로 이어지기도 하므로 학계와 산업계에서 동시에 인재를 육성하겠다는 독일식 발상이라고 할 수 있다.

역량강화센터에는 제2장에서 소개한 디지털 시뮬레이션을 체험할 수 있는 '디지털 트윈(90쪽 참조)' 등의 실험 공장이 마련되어 있다. 그곳에서 중소기업의 공장을 최적화하는 방안이나 생산 라인을 재편하는 방안을 디지털 시뮬레이션으로 직접 보여준다.

더욱 눈에 띄는 점은 캐러밴 활동이다. 역량강화센터 안에만 머무르지 않고 중견·중소기업을 하나하나 찾아다니며 회사별로 사물인터넷 워크숍을 개최하는 것이다. 실제로 회사를 방문해서 공장에 있는 제조 기계에 곧바로 저렴한 센서를 추가로 설치한 다음 어떤 결과를 내는지 시범까지 보여준다. 워크숍 참가자가 연간 1천 명이 넘는 역량강화센터도 있다고 한다.

2. 정부의 거대 IT 기업 지원과 산업인터넷 컨소시엄

기반 기술 정비로 거대 IT 기업의 발전을 지원하는 미국 정부

미국의 거대 IT 기업은 4차 산업혁명을 이끌며 제1계층의 클라우드 컴퓨팅이라는 디지털 인프라 분야에서 압도적인 존재감을 확립했다. 앞에서 살펴보았듯 광고나 전자상거래 등의 분야에서 최첨단 인공지능 소프트웨어 기술을 도입했고, 이제는 자율주행과 산업 전반의 디지털화에 뛰어들고 있다.

디지털 플랫포머라고도 불리는 미국의 거대 IT 기업은 보통 정부의 개입 없이 자유 경쟁이라는 경제 규칙 속에서 성장했다고 여겨졌다. 예를 들어 컴퓨터를 들고 다닐 수 있게 한 스마트폰은 애플의 설립자인 스티브 잡스가 천재적인 사업 수완으로 전화 기능에 인터넷 기능을 추가한 아이폰을 세상에 선보이면서 시작되었다. 이

제 전 세계에서 사용되는 스마트폰 대수는 40억 대까지 증가했다.

하지만 주의 깊게 관찰해보면 스마트폰을 가동시키는 인터넷 등의 통신 기술이나 가상 물리 시스템(88쪽 참조) 등의 기반 기술은 사실 미국 정부가 국가 예산을 투입해 전략 분야를 엄선하고 대학 등이 연구개발에 매진한 결과임을 알 수 있다. 예를 들어 4차 산업혁명의 기간 인프라인 인터넷 기술은 1985년 미국 국방성 관련 기관에서 만든 분산 통신 네트워크ARPANET, 아르파넷가 기원이다. 그 후 미국 국립과학재단NSF; National Science Foundation이 만든 NSF Net이라는 학술용 컴퓨터로 발전했고, 1989년에 이르러 상용 네트워크에 접속, 이용할 수 있게 되었다.

또 가상 물리 시스템은 미국 국립과학재단이 2006년에 공개한 대통령 자문 보고서에서 기원했다. 당시 미국은 유럽연합과 과학 기술을 두고 패권 다툼을 벌이는 중이었는데, 미국 국립과학재단이 그 보고서를 통해 미국의 경쟁력을 강화하려면 디지털 측면에서 부가 가치가 창출되는 정보 기술을 연구개발해야 한다고 제안한 것이다.

게다가 21세기의 문샷인 자율주행은 미국 최고의 군사연구소인 방위고등연구계획국DARPA; Defense Advanced Research Projects Agency이 지속적으로 개최해온 장거리 무인 자동차 경주 대회 'DARPA 그랜드 챌린지'에서 기원했다. 2005년 혹독한 코스를 처음으로 완주한 스탠퍼드대학팀이 구글에 초빙되어 비밀리에 자율주행팀이 신설되었다. 구글의 자율주행 개발 기업인 웨이모Waymo는 여기에서 시작된 것이다. 2019년 웨이모는 특정 지역, 특정 조건하에서 시스템이 모든 운전을 조작하는 레벨 4 수준의 자율주행차를 상용화했다. 같은 해 웨이모는 미국의 차량 공유 서비스 회사인 리프트Lyft에 자율주행차를 판매한다고 발표했다.

이렇듯 미국 거대 IT 기업이 세계적인 패권을 잡을 수 있었던 데는 미국 정부가 전략적으로 과학 기술을 선정하고 기반 기술과 디지털 인프라에 연구개발비를 투입한 덕이 크다고 할 수 있다. 앞으로는 5G 기술이 대단히 중요한 디지털 통신 기술이 될 것이다. 미국은 이 분야에서 세계의 기술 패권을 유지하기 위해 정부와 기업 모두 적극적으로 대응할 것으로 예상된다.

미국의 산업인터넷 컨소시엄 IIC와 독일을 비롯한 유럽 기업의 융합

이번에는 4차 산업혁명 중에서 제조업계의 사물인터넷에 관해 살펴보자. 독일이 인더스트리 4.0을 발표하고 국가 프로젝트를 가동한 이듬해인 2014년, 미국의 제조업을 선도하는 IBM, GE, 인텔, 시스코 시스템즈, AT&T가 '산업인터넷 컨소시엄IIC; Industrial Internet Consortium'을 결성했다. 본부는 미국의 하버드대학과 MIT에서도 가까운 보스턴 교외에 있다.

이 컨소시엄은 일종의 도장에 비유할 수 있을 듯하다. 다시 말해 IIC에서 개최하는 테스트 베드test bed(신기술의 실증 실험을 하는 플랫폼) 워크숍은 도장에서 실력이 쟁쟁한 상대와 겨루며 수련하는 것에 해당한다. 인공지능이나 소프트웨어 등 자신이 갖고 있지 않은 기술을 다른 참가자와 수련(문제 해결이나 실증 실험)하면서 실리콘 밸리식으로 시행착오를 반복한다. 그러다 보면 자신에게 부족한 기술, 사물인터넷을 활용한 새로운 글로벌 비즈니스 모델, 제휴를 맺어야 할 디지털 솔루션 파트너 등이 선명해지기 시작한다. 이렇듯 도장인 IIC는 독일 기업과 보조를 맞추면서 4차 산업혁명의 리더 역할을 하고 있다.

그렇다면 IIC의 최신 동향은 어떨까? IIC는 인더스트리 4.0 프로젝트를 추진하는 독일의 리더 기업을 일원으로 맞이하고, 세계의 사실상 표준이라는 같은 목표를 향해 나아가고 있다.

IIC의 특징은 처음부터 산업 전체를 스마트화할 대상으로 삼았다는 점이다. 한편 독일의 인더스트리 4.0 프로젝트는 원래 제조업에만 초점을 맞췄다. 그런데 서비스 부문에서도 사물인터넷을 활용해 큰 부가 가치를 창출할 수 있다는 최신 동향에 주목하면서 급속히 적용 범위를 확장했다. 요컨대 스마트화 대상을 제조업에서 서비스업을 포함한 가치 사슬 전체, 산업 전체로 확대한 것이다. 독일의 이러한 변화는 IIC의 영향이 컸다고 볼 수 있다.

2016년 3월 독일의 인더스트리 4.0 추진 기관인 플랫폼 인더스트리 4.0과 IIC는 스위스 취리히에서 회의를 개최하고 '사물인터넷 기반 기술을 개발하기 위한 제휴'를 발표했다. 게다가 독일 인더스트리 4.0의 핵심 기업인 SAP과 보쉬, 스위스의 ABB는 IIC의 운영위원이 되었고, 프랑스의 슈나이더Schneider가 위원장에 올랐다.

IIC는 미국 기업들이 모여 시작했지만 어느덧 독일 기업을 비롯한 유럽 기업이 테스트 베드를 선정할 결정 권한을 가진 핵심 운영위원이 되어 활발히 활동하기에 이르렀다. 이것은 미국의 IIC가 독일과 유럽연합이 이끄는 국제 표준화의 흐름에 보조를 맞추면서 4차 산업혁명의 리더십을 확보하려는 움직임이라고 해석할 수 있다.

3. 중국 제조 2025와
인공지능 전략, 바다거북 작전

중국의 고민이란

세계 2위 GDP와 14억 명이라는 세계 최고의 인구를 자랑하는 중국은 세계 1위 미국의 GDP에 육박할 기세로 성장을 이어왔다. 세계 경제의 자유 무역 규칙 아래 '세계의 공장'이라고 불리는 제조업의 중심으로 올라섰고, 세계 자동차 판매 대수의 3분의 1을 차지하는 세계 최대의 자동차 시장으로 등극했다. 하지만 제1장에서 살펴보았듯 중국의 걱정은 현실이 되었다. 미국의 중국에 대한 대항책이라고도 말할 수 있는, 트럼프 정권 이래 불거진 보호주의 움직임이 활발해지면서 미중 무역 전쟁이라고 불리는 국면에 접어든 것이다.

한편 국내로 시선을 돌려도 중국의 고민은 여전하다. 고령화, 임금 상승, 환경 문제 때문이다. 중국은 한 자녀 정책으로 출생률을

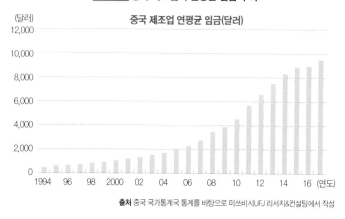

그림 4-2 중국 제조업의 연평균 임금 추이

(달러)

중국 제조업 연평균 임금(달러)

12,000

10,000

8,000

6,000

4,000

2,000

0

1994　96　98　2000　02　04　06　08　10　12　14　16　(연도)

출처 중국 국가통계국 통계를 바탕으로 미쓰비시UFJ 리서치&컨설팅에서 작성

억제한 탓에 과거에 경험한 적 없는 속도로 고령화가 진행되고 있다. 또 다른 고민거리는 임금 상승이다. **그림 4-2**를 보면 알 수 있듯, 중국에서는 10년간 인건비가 3배 이상 높아졌다. 중국 상하이 지역과 일본의 도시 지역을 비교했을 때 10년간 경험을 쌓은 우수한 중견 엔지니어의 급여 수준은 이미 상하이가 더 높다는 의견도 있다. 중국의 기업들은 이제 임금 상승을 전제로 비즈니스 모델을 수립해야만 하는 것이다.

광저우에서 엿볼 수 있는 인건비 급등에 고심 중인 중국 제조업

중국의 제조업 중심지라고 하면 광저우를 꼽을 수 있다. 광저우는 관광지로 인기가 높은 홍콩과 IT 기업의 중심지인 선전에서 내륙으로 약 100킬로미터 들어간 곳에 자리한 인구 1,200만 명 규모의 대도시로 중국 부품 생산의 중추다.

현지 컨설팅 회사의 의뢰를 받아 중국인 경영자들을 대상으로 열린 합숙 세미나 프로그램에서 4차 산업혁명을 주제로 강연할 기회가 있었다. 참가자는 50명 정도였는데 경영자들의 눈은 진지함 그자체였고, 강연장은 힘든 상황을 어떻게든 헤쳐 나가고 싶다는 열기로 후끈했다. 질의응답 시간에도 현지의 한약 제조사 사장이 맞춤형 대량 생산에 대해 날카로운 질문을 연이어 던졌다. 한약업계는 개개인별로 약재가 달라진다는 점에서 그야말로 맞춤형 대량 생산을 활용하기에 안성맞춤이다.

강연이 끝난 후 통역을 맡았던 컨설팅 회사의 중국인 사장이 왜 이렇게까지 열기가 뜨거운지 설명해주었는데, 그 말을 들으니 충분히 이해가 갔다.

"지금 광저우에서는 인건비가 급등해서 중소 제조업체가 상당히 힘든 상황입니다. 예전처럼 값싼 노동력을 이용해 중국 국내에서 제조하기가 어려워졌죠."

이것이 광저우의 실정이다.

제조업의 스마트화로 에너지 효율의 개혁을 노리다

보도를 통해 접할 수 있듯, 중국의 대기 오염은 심각한 수준이다.

정부가 주도하는 임시 대책으로 겨울철에 베이징 시 주변의 일부 공장에서 계획적으로 가동을 중단하는 한편, 화력 발전을 줄이고 태양광 등의 청정에너지를 늘리는 탈탄소 정책을 적극적으로 추진하고 있다.

이러한 노력과 함께 제조업을 스마트화, 디지털화해 나간다면 독일이 인더스트리 4.0을 통해 추진한 에너지 효율 개선을 중국에서도 기대할 수 있다. 알리바바의 창업자 마윈이 말한 '스마트 제조'라는 발상은 중국의 과제를 해결할 중요한 방책이기도 하다.

'중국 제조 2025'는 사실 30년 계획

2015년 중국은 제조업 10개년 계획인 '중국 제조 2025'를 발표했다. 2025년까지 IT 등을 활용해 제조업 전체의 효율과 수준을 높이겠다는 내용이다. 미중 무역 전쟁에서 미국이 표적으로 삼은 정책이다 보니 뉴스 등에서 접한 사람도 많을 것이다.

이 정책을 실현하기 위한 10대 중점 산업 중 가장 먼저 언급된 분야는 ① 차세대 정보 기술, ② 고정밀 디지털 제어 공작 기계와 로봇이다. 이 계획은 독일의 인더스트리 4.0 정책과 상당히 유사하다.

중국 제조 2025는 더 정확히 말하자면 2025년까지의 계획이 아니라 그 후 2035년, 2045년까지 10년 단위로 30년 계획을 가시화한 것이다. 30년 후인 2045년에는 세계 최고 수준의 제조 대국 지위를 공고히 하고 건국 100주년인 2049년을 맞이하겠다는 중국의 장기 전망이 밑바탕에 깔려 있다.

인터넷 플러스가 인공지능 플러스로 진화

중국 정부는 중국 제조 2025를 발표한 해에 '인터넷 플러스'라는 계획을 내놓고 산업과 정보 산업의 융합을 추진하겠다고 밝혔다. 인터넷 플러스란 예컨대 '인터넷+의료', '인터넷+농업', '인터넷+물류' 등 모든 산업에 인터넷 기술을 도입해 산업을 고도화하겠다는 계획이며, 스타트업 육성을 중요 정책으로 내세웠다. 이 계획은 미국의 실리콘밸리식 발전 모델과 유사하다.

베이징의 실리콘밸리라고도 불리는 중관춘 과학 기술 단지를 방문했을 때의 일이다. 거대 IT 기업 인공지능센터의 책임자에게 인터넷 플러스 정책에 관해 물었더니 이렇게 설명해주었다.

"중국의 디지털 관련 기업 사이에서는 인터넷 플러스를 이제 인공지능 플러스라고 부르기도 합니다."

'인터넷 플러스'를 '인공지능 플러스'로 바꿔 읽으니 '인공지능+의료', '인공지능+농업', '인공지능+물류' 등등, 거대 IT 기업이 각자 자신 있는 산업에 인공지능을 활용하는 방식으로 4차 산업혁명 시대의 최우선 과제에 초점을 맞추고 있음을 알 수 있었다.

2017년 11월 중국은 인공지능을 활용한 국가 정책인 '차세대 인공지능 발전 계획'을 발표했다(33쪽 참조). 지금 중국에서는 중앙 정부의 방침에 따라 지방 정부, 민간 기업, 연구 기관, 대학이 주도해서 각 도시와 산업에 적합한 인공지능을 도입하는 데 박차를 가하고 있다.

바다거북 작전으로 디지털 인재를 육성하라

마지막으로 중국의 디지털 인재 육성에 관해 살펴보자. 컴퓨터 CPU로 세계를 석권한 인텔 본사는 미국 샌프란시스코 근처 실리콘밸리에 있다. TV에서 흘러나오는 컴퓨터 광고에서 '인텔 인사이드 Intel Inside'라는 말을 들어본 기억이 있을 것이다.

예전에 인텔 본사를 방문했다가 눈이 휘둥그레지게 놀란 일이 있다. 본사 건물 안에서 느닷없이 딸랑딸랑 방울 소리가 들려온다 싶더니, 젊은 중국인 인텔 사원들이 사자춤을 추면서 대열을 지어 건물 안을 천천히 행진했다. 마침 그 무렵은 중국의 음력설에 해당하는 시기였다. 아마도 인텔 중국인 사원이 컬처 데이Culture Day를 맞아 자국 문화를 소개하는 듯했다. 아무리 그렇다 해도 미국 거대 IT 기업과 중국 사자춤의 조합이라니, 솔직히 놀라운 경험이었다.

그런데 곰곰이 생각해보니 이것은 중국이 추진하는 '바다거북 작전'이라고도 불리는 디지털 인재 육성의 일환이었다. 중국이 추진해온 바다거북 작전이란 이런 것이다. 먼저 중국의 젊은 인재가 미국 실리콘밸리 등의 IT 기업이나 대학에 대거 파견된다. 중국을 떠날 때는 새끼 거북이지만 미국에서 노하우를 쌓으며 성장해서 어른 거북이 된다. 그중에서 우수한 상위 몇 퍼센트의 인재는 실리콘밸리에 남을 수 있을지도 모른다. 하지만 나머지 수많은 젊은 인재는 다시 바다를 건너와 파격적인 조건으로 중국의 교육 기관이나 IT 기업으로 돌아간다 그림 4-3 . 이처럼 중국은 세계 최고의 IT 기술이 모인 미국에 숟가락을 얹는 형태로 IT 인재와 교육자를 효율적으로 양성해온 것이다.

실제로 중관춘 과학기술단지의 IT 기업에서 일하는 젊은이 중에는 미국에서 돌아온 사람이 놀랄 만큼 많다. 또 중국 IT 기업의 임원과 이야기를 나눠보면 '여기가 실리콘밸리였던가?' 착각할 만큼 기술의 방향성이 미국과 유사하다. 다만 바꿔 생각하면 세계 최첨단

그림 4-3 미국의 IT 기업, 대학을 활용한 중국의 바다거북 작전

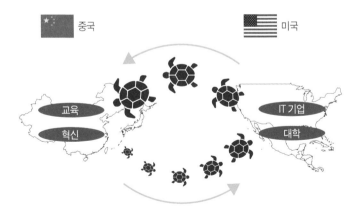

중국

미국

교육

혁신

IT 기업

대학

인재와 기술 개발이 미국을 중심으로 이루어져 왔던 만큼 지향하는 방향이 같을 뿐인지도 모른다.

덧붙이자면, 바다거북 작전과 같은 인재 육성 방식을 추진했던 나라는 중국뿐만이 아니다. 과거 대만 젊은이들 역시 바다를 건너 미국에서 배운 IT 기술을 가지고 고국으로 돌아가 국내 반도체 산업을 육성하는 데 크게 기여했다.

중국의 앞길을 가로막는 미국―미중 격돌

하지만 지금 중국의 바다거북 작전은 고비를 맞이했다. 미중 무역 전쟁이라고 불리는 두 나라의 대립으로 미국이 중국에서 유입되는 인재에 대해 엄격한 잣대를 들이대고 있기 때문이다.

제1장에서 소개한 2018년 10월 펜스 부통령의 연설에서는 중국에서 온 인재를 받아들여 미국에서 육성할 수 있게 허용해온 방침을 변경하겠다고 밝혔다. 최근에는 중국 인재들이 미국 대학이나 기업에 들어가기가 까다로워졌고, 중국계 스타트업은 자금을 조달하는 데 애를 먹고 있다고 한다.

선진국으로서 넉넉한 인심을 베풀어 왔던 미국도 더는 잠자코 있을 수만은 없을 만큼 미중 디지털 기술의 패권 다툼이 치열해진 것인지도 모른다.

한국
4. 사물인터넷과 제조업의 융합을 향한 도전과 고민

4차 산업혁명 인프라와 반도체에 집중

4차 산업혁명의 바탕이 되는 컴퓨터와 스마트폰의 핵심 부품인 반도체는 한국 경제에서 가장 중요한 산업 중 하나다. 2019년 7월 일본 정부가 원재료 등 3개 품목을 한국 수출 규제 대상으로 지목한 데 대해 한국 정부와 산업계에서 강경한 반응을 보인 것만 봐도 반도체가 한국에서 얼마나 중요한 산업인지를 잘 알 수 있다.

한국 정부는 인더스트리 4.0으로 대표되는 제조업의 디지털화 추진과 4차 산업혁명의 차세대 통신 인프라인 5G망 구축을 위해 적극적으로 기업을 지원해 왔다. 2018년 말에는 세계 최초로 5G 서비스를 상용화하기 위해 미국 통신사와 치열한 경쟁을 벌이기도 했다.

또 한국의 대표 기업 삼성은 구글의 운영체제OS인 안드로이드를 탑재한 스마트폰으로 세계 최고의 점유율을 차지했다. 삼성 그룹의 삼성전자는 일본 도시바Toshiba가 세계 최초로 개발한 낸드NAND 플래시 메모리 반도체 기술을 획득한 후 막대한 투자를 계속하며 메모리 반도체 시장 점유율에서도 세계 최고 자리에 올라섰다.

낸드 플래시 메모리 반도체는 간단히 말하자면 과거 일본이 세계를 석권했던 플래시 메모리 반도체의 보급형 제품으로, 성능 대비 가격을 낮춘 반도체다. 삼성은 대형 컴퓨터 시대에서 개인용 컴퓨터 시대로 빠르게 전환되면서 낸드 플래시 메모리 반도체 수요가 급격히 증가한 한편, 제2장에서 소개한 무어의 법칙이 지속되면서 원가 절감 효과를 누리게 되었다.

중국과 미국 사이에서 기로에 놓이다

한국의 최대 수출국은 지리적으로나 역사적으로나 관계가 깊은 중국으로, 전체 수출의 25퍼센트를 차지한다. 그 뒤를 잇는 나라가 전체의 12퍼센트를 차지하는 미국이다(2017년 한국 무역협회). 한국은 미중 무역 전쟁의 영향을 가장 많이 받는 국가 중 하나라고 볼 수 있다.

2018년 중국 항저우 알리바바 본사에서 열린 전시회가 끝난 후 귀국길에 오른 비행기에서 우연히 옆자리에 앉은 한국 대학의 정보공학 계열 교수가 말을 걸어왔다.

"저희는 항저우에 있는 대학과 제휴를 맺고 돌아가는 길입니다. 중국의 IT 업계 청년들의 눈빛 보셨나요? 기백이 넘치고 반짝반짝한 게, 솔직히 한국 학생들과 눈빛부터 다르더군요."

지금 한국은 중국의 알리바바를 포함한 디지털 관계자들의 기세와 중국에 대한 미국의 강경한 태도 사이에서 선택의 기로에 놓여 있다.

글로벌 시장 개척에서 활로를 찾는 한국 기업

한국의 인구는 약 5천만 명으로 국내 시장이 작다보니 한국 기업은 이머징 마켓emerging market이라고 불리는 신흥국을 비롯한 세계 시장을 개척하는 데서 활로를 찾아왔다. 한국 정부가 4차 산업혁명으로 인해 진보하고 있는 디지털 기술을 한국 기업이 세계 시장을 개척하는 데 있어 중요한 기술이라고 판단하는 것도 이해가 가는 대목이다.

인재 육성에서도 한국 기업의 해외 주재원들은 보통 자녀를 영어에 능숙한 글로벌 인재로 키우기 위해 국제 학교에 보낸다. 대다수 일본 기업의 해외 주재원들이 자녀를 일본인 학교에 보내는 경우와는 달리, 한국은 애초에 해외에서 한국어로 수업하는 한국인 학교를 찾아보기 힘들다. 이것은 해외에서 영어 교육을 받게 해 글로벌 인재로 키우겠다는 생각이 대전제이기 때문이다.

스마트 공장 도입의 효과에 대한 의문

한국은 세계화의 흐름 속에서 비즈니스에 드는 총비용을 낮춰 승리하는 패턴을 만들기 위해 최선의 노력을 다해왔다. 선진국의 지적 재산을 합법적으로 활용하고 투자에 대한 세금 우대 정책을 적극적으로 펼친 결과, 반도체, LCD TV, 스마트폰 등의 전자 산업에서 큰 발전을 이루었다. 세계 각국에서 디지털화 추진이 활발히 이루어지고 독일이나 일본에서 사물인터넷을 활용하기 시작한 상황에서 한국도 제조업에 사물인터넷을 활용하려는 움직임에 속도를 내고 있다.

2018년 12월 서울에서 한일 산업기술 포럼이 개최되었다. 포럼에 참석한 한국의 기술자와 지식인들에 따르면 한국에는 이미 4차 산업혁명 시대가 도래했다고 한다. 실제로 한국 내에서 스마트 공장의 실증 프로젝트 수는 6천 건이 넘는다. 설계와 생산에 쓰이는 소프트웨어는 국산화에 연연하기보다는 과감하게 미국 제조사의 제품을 도입해 적극적으로 공장의 디지털화를 추진하고 있다.

한편 한국의 고민은 스마트 공장 도입이 실제 수익으로 연결되는 사례가 부족하다는 점이다. 디지털화와 4차 산업혁명의 추진이 데이터 수집이나 인공지능 분석 그 자체가 목적이 되어버리는 경향이 있는 모양이다. 한국은 제조업의 디지털화로 어떤 부가 가치를 창출할 수 있을지, 원래의 목적을 다시금 되돌아봐야 하는 국면에 있는지도 모른다.

5. 세계의 시험대에 오른 리더십

일본이 발표한 '소사이어티 5.0'

일본 정부와 재계도 4차 산업혁명이라는 대변혁의 시대에 발맞춰 활발히 움직이고 있다. 일본 정부는 2016년부터 2020년까지 수립된 과학 기술 기본 계획을 골자로 '소사이어티 5.0 Society 5.0'을 발표하고 일본 경제단체연합회도 여기에 주력하겠다는 입장을 표명했다.

소사이어티 5.0이란 수렵 사회(소사이어티 1.0), 농경 사회(소사이어티 2.0), 공업 사회(소사이어티 3.0), 정보 사회(소사이어티 4.0)에 이어 디지털 혁신과 기술 혁신을 최대한 활용해 사회가 직면한 과제를 해결해 나가는 새로운 사회를 실현하겠다는 포괄적인 구상이다. 일본 4차 산업혁명의 지향점을 제시한 이 구상은 독일의 '인더스트리 4.0', 미국의 '산업인터넷 컨소시엄', 중국의 '중국 제조 2025'와 함께 세계적으로 주목을 받고 있다.

일본 정부가 독일에서 발표한 '하노버 선언'

시계를 조금 과거로 돌려보자. 2017년 3월 독일 하노버에서 인더스트리 4.0 등 세계적인 정보 통신 기술과 디지털 기술이 한자리에 모이는 산업 전시회 세빗CeBIT이 개최되었다. 일본은 독일 정부의 초대를 받아 파트너 국가 자격으로 참가했다. 일본 GDP에서 제조업이 차지하는 비중(해외 생산분 제외)은 약 20퍼센트로, 독일과 거의 비슷한 수준이다. 미국이나 영국, 프랑스의 10퍼센트 정도에 비해 비중이 크고, 독일과 일본 모두 제조업이 다른 산업에 미치는 영향력이 크다 보니, 파트너 국가로 초대될 만도 하다.

　세빗 개막식에는 메르켈 총리를 비롯한 독일 정치가와 기업 경영자, 일본의 아베 총리와 일본을 대표하는 250개 출전 기업 관계자를 비롯해 5천 명이 넘는 참가자가 모여 열기가 뜨거웠다. 대변혁기를 맞아, 독일과 마찬가지로 제조업 강국인 일본이 어떤 발언을 할지 세간의 이목이 집중되었다. 인사말을 하기 위해 단상에 오른 아베 총리는 일본 경제산업성의 정책으로 '커넥티드 인더스트리즈Connected Industries'를 시작했다고 소개했다. 그리고 독일의 인더스트리 4.0 프로젝트와 협력한다는 내용의 '하노버 선언'에 서명했다고 발표했다.

"복잡한 문제를 시스템을 통해 생각하고 해결해야만 하는 시대, 사물이 연결되는 시대에는 새로운 표기법, 모델 양식, 공통 규격이 필요합니다. 그것을 할 수 있는 나라는 바로 우리, 독일과 일본이라고 생각합니다. 독일인도 일본인도 물건을 만드는 데서 더없는 긍지와 기쁨을 느끼는 사람들이기 때문입니다. 독일의, 유럽의, 그리고 일본의 미래에 중요한 것은 기술 혁신입니다. 독일과 일본은 국토가 좁고 천연자원도 부족합니다. 그런 조건에서도 눈부시게 성장할 수 있음을 증명한 인류 역사상 최초의 사례가 아닐까요? 우리는 불리한 조건을 역으로 이용해 성장했습니다. 일본은 비록 앞으로 인구가 줄더라도 기술 혁신을 통해 성장할 수 있음을 보여주는 세계 첫 사례가 되고 싶습니다."

세빗에 참가한 일본 정부의 중소기업 사절단

시사하는 바가 큰 연설에 개막식장에 있던 독일 관계자들도 감명을 받은 듯했다. 이 개막식에는 일본 정부 사절단으로 선정된 중소기업 10곳의 대표들이 참석했다. 아베 총리는 계속해서 연설을 이어나갔다.

"일본과 독일에는 공통점이 있습니다. 작은 기업들이 기술 혁신을 이끌어갈 주체라는 점입니다. 이번 세빗에 참석한 보석 같은 일본의 중견·중소기업들도 독일의 중소기업과 교류하며 놀라운 혁신을 이어가리라 믿어 의심치 않습니다."

이 연설에서 소개된 대로 일본과 독일은 전체 기업 수에서 중소기업이 차지하는 비율이 99퍼센트에 가깝다. 4차 산업혁명이 성공할지 실패할지는 중소기업의 디지털화에 달려있는 것이다. 일본 정부도 그 점을 지적했다고 볼 수 있다.

차세대 제조업을 사회에 정착시키기 위해
도쿄대학 연구센터 RACE 발족

2019년 4월 도쿄대학 혼고 캠퍼스 내에 차세대 제조를 견인할 '인공물 공학 연구센터RACE; Research into Artifacts Center for Engineering'가 신설되었다. 이 연구센터는 원래 도쿄대학 가시와 캠퍼스에 있었는데 제조업의 디지털화, 서비스화 움직임에 주목해 공학계 연구과 부속 시설로 혼고 캠퍼스에 새로이 발족한 것이다.

이 연구센터는 아사마 하지메 센터장의 지휘 아래 ① 새로운 제조와 제품 및 서비스 생태계 조성을 담당하는 가치 창조 부문, ② 인간의 인지 구조를 제조에 활용하는 인지 구조 부문, ③ 인공지능과 딥러닝을 활용하는 실천 지능 부문으로 구성되어 있다.

차세대 제조업의 미래상을 만드는 데 매진하고 있는 우메다 야스시 교수와 일본 인공지능 연구의 일인자로 꼽히는 마쓰오 유타카 교수 등이 참여한 RACE는 기업, 산업계와 협력해 새로운 가치를 창조할 총본산으로 성장할 것으로 기대된다.

일본 산업기술 종합연구소의 인공지능 연구센터

가상물리시스템 연구동 가동

일본 산업기술 종합연구소의 인공지능 연구센터 가상물리시스템 연구동은 4차 산업혁명을 추진하는 연구 기관으로 도쿄대학의 RACE와 함께 주목받고 있다. 이 연구동은 2019년 2월, 올림픽을 앞두고 건설 열풍이 뜨거운 도쿄만 전면의 오다이바에서 인공지능을 활용한 디지털 제조업, 로봇을 활용한 바이오 연구 등을 실험하는 획기적인 연구 시설로 시작되었다.

그림 4-4 바이오 로봇

제공 일본 국립 연구개발 법인 산업기술 종합연구소

가상 물리 시스템이란 제2장에서 설명한 디지털 트윈 기술을 적극적으로 활용해 디지털 제조업이나 전자상거래 등의 4차 산업혁명을 견인하는 시스템이다(88쪽 참조). 이 연구동에서는 가상 물리 시스템을 스마트 제조업이나 바이오 연구 로봇에 응용하는 방법에 대해 인공지능을 적극적으로 활용하면서 실증 실험을 진행할 예정이다.

사물인터넷 컨소시엄, IVI의 도전

일본에서는 독일의 '플랫폼 인더스트리 4.0', 미국의 거대 IT 기업들이 설립한 '산업인터넷 컨소시엄IIC'과 어깨를 나란히 하는 '사물인터넷 컨소시엄'이 설립되었다.

2015년 '로봇 혁명 협의회Robot Revolution Initiative; RRI'가 설립되어 참가 기업과 단체 수가 약 430개 규모에 이르는 조직으로 성장했다. 같은 해 정부와 산업계, 학계의 사물인터넷 이용을 촉진하기 위해 사물인터넷 컨소시엄이 설립되어 회원사 수는 약 3,600개까지 늘어났다.

2016년에는 일본을 선도하는 제조업의 기술 관계자들이 민간 차원에서 집결해 '연결되는 공장'을 실현할 컨소시엄으로 '산업 가치사슬 이니셔티브Industrial Value Chain Initiative; IVI'를 설립했다. 세계에서 진행 중인 4차 산업혁명의 디지털화 움직임 속에서 '제조업이 연결되는 네트워크'를 실현하기 위해 다양한 실무 조직이 자발적으로 결성되고 있다. 지금은 참가 기업과 회원사 수가 300개 남짓 규모로 성장했으며, 그중 100곳은 중소기업이라는 점도 특징이다.

오사카에서 개최된 G20을 앞둔 2019년 6월, IVI는 제조 데이터를 거래할 수 있는 시스템을 세계에서 가장 빠른 2020년에 가동하겠다고 발표해 주목을 모았다. 그 시스템이란 말 그대로 '제조업이 연결되는' 시스템이다.

'인공지능×빅데이터'를 활용해 제조를 최적화하는 데는 한 기업의 한정된 데이터만으로는 한계가 있다. 그래서 IVI에서는 미쓰비시전기와 야스카와전기 등 일본의 주요 제조사와 제휴를 맺고 블록체인 기술을 활용해 신뢰할 수 있는 시스템을 구축함으로써 여러 기업이 공장 데이터를 익명으로 자유롭게 유통할 수 있게 했다. 이렇듯 IVI는 세계를 향해 일본의 성과를 하나하나 선보이고 있다.

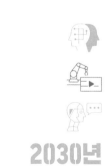

2030년
제4차 산업혁명

2030년의 4차 산업혁명

어떤 새로운 기술, 비즈니스 모델이 등장할까?

우리의 생활은 어떻게 달라질까?

2030년에 두각을 나타낼 기업

어느 나라가 주도권을 잡을 것인가?

1. 어떤 새로운 기술, 비즈니스 모델이 등장할까?

전 세계 대학의 강의나 콘서트, 스포츠 체험이 플랫폼으로 공유되는 시대

2030년에는 4차 산업혁명을 추진하는 컴퓨팅 파워가 더욱 향상할 것이 분명해 보인다. 컴퓨터의 계산 속도는 점점 더 빨라지고 크기도 더욱 작아지는 미래가 펼쳐질 것이다. 예컨대 5G를 통해 전 세계인이 연결되어 세계 최고 수준의 대학 강의를 듣거나, 콘서트나 축구 경기 등의 실시간 영상을 마치 현장에 있는 듯 생생하게 즐기거나, 세계의 지적 재산권이 한 플랫폼에서 공유되는 시대가 찾아올 것이다. 그리고 우리 생활에 가장 밀접하게 연관된 스마트폰과 컴퓨터는 벨의 법칙에 따라 지금의 100분의 1 크기로 작아지는 신기술이 상용화될 가능성도 충분하다.

요즘은 전철을 타면 서 있는 사람이든 앉아 있는 사람이든 대부분 고개를 숙인 채 스마트폰 화면을 바라보고 있다. 스마트폰을 보면서 승강장을 걸어가는 사람도 자주 본다. 아이폰이 출시된 해가 2007년이니, 지금은 당연하다시피 한 이런 광경이 펼쳐진 지는 고작 10년 남짓에 불과하다. 그러니 이 상태가 앞으로도 지속될 가능성은 낮지 않을까.

예를 들자면 사람과 컴퓨터가 대화를 주고받는 인지 컴퓨팅 Cognitive Computing 기술이 있다. 현재도 인공지능을 이용하는 콜센터에서는 고객이 질문하는 내용을 인공지능이 상담원과 동시에 듣고 디지털화한 매뉴얼에서 자동으로 답변 후보지를 찾아준다. '한 사람당 인공지능 한 대'가 실현된다면 아바타라고 불리는 개인 맞춤형 인공지능 비서가 질문에 답변해주는 서비스가 등장할 가능성은 충분히 있다.

AR을 일상적으로 사용하는 미래

스마트폰 화면이 더 작아지기는 어려울지도 모른다. 지금도 스마트폰 화면의 작은 글씨를 계속 읽다가 눈이 나빠졌다거나 안약을 달고 산다는 사람이 많으니 말이다. 하지만 예를 들어 애플 스마트 워치 같은 손목시계 크기의 컴퓨터에 현재의 스마트폰 기능이 전부 들어가 있고, 사용자가 필요할 때 지시하면 화면을 팝업창을 띄우듯 밖으로 끄집어내는 기술이 상용화된다면 어떨까. 물론 집밖에서 VR^{Virtual Reality} 고글을 쓰고 활동하기에는 현실성이 떨어질 수 있다. 그러나 가령 AR^{Augmented Reality}이라면 본격적으로 활용될 가능성이 있다.

VR과 AR은 이름이 비슷해서 헷갈리는 사람도 있을 것이다. VR은 가상현실이라고도 부르는데, 고글 등을 쓰고 디지털 공간을 들여다보면 현실 세계에서 분리되어 완전히 현실처럼 느껴지는 가상의 세계를 체험할 수 있는 기술이다. 지금도 테마파크 등에서 활용되고 있다.

이에 반해 증강현실이라고도 불리는 AR은 현실 세계에 디지털 공간의 영상을 겹쳐서 보여주는 기술이다. 가까운 사례로는 전 세계에서 선풍적인 인기를 끌었던 '포켓몬 고'라는 스마트폰 게임이 있다. 길을 걷다가 스마트폰을 비추면 실제 그대로의 풍경에 포켓몬의 애니메이션 캐릭터가 나타나는데, 이것이 AR 기술을 이용한 사례이다. 또 최신 여객기에도 파일럿이 착륙 태세를 갖출 때 눈앞에 보이는 실제 활주로의 외부 풍경과 고도 및 속도 등이 표시된 화면을 겹쳐 보이는 기술이 쓰이고 있다.

앞으로 5G가 상용화되면 AR을 이용한 비즈니스 모델이 실생활이나 비즈니스에서 널리 쓰일 가능성은 충분히 있다. 머지않은 미래에 AR을 활용해 쾌적하게 컴퓨터를 사용할 수 있는 기술이 현실화될지도 모른다.

'인공지능×빅데이터'에 드는 사업 비용이 낮아진다

2030년을 전망할 때 컴퓨터와 관련해 예상되는 변화로는 계산 속도의 향상, 컴퓨터의 소형화에 더해 또 하나 중요한 점이 있다. 바로 과학자들이 예상하는 컴퓨팅 파워의 계산 비용이 앞으로 더욱 더 낮아질 것이라는 점이다. 다시 말해 '인공지능×빅데이터' 기술을 사업에 도입할 때 드는 비용이 저렴해지는 것이다.

예전에 일본 최고의 엔지니어들이 제창한 '유비쿼터스Ubiquitous'라는 개념이 있었다. 유비쿼터스란 언제 어디서나 컴퓨터를 사용할 수 있는 상태나 사회를 뜻하는데, 사물인터넷이라는 개념이 등장하기 전에 발표된 것이다. 유비쿼터스의 방향성은 이제 현실이 되어가고 있지만 여전히 컴퓨터의 계산 비용이 높아서 실제 비즈니스 현장에서 쓰이기는 어려운 상황이다.

현재도 사물인터넷을 활용하고 싶지만 창출되는 부가 가치보다 비용이 더 많이 들다보니 실제 비즈니스 모델에 쓰이지 않는 분야가 많다. 반대로 말해, 앞으로 비용이 낮아지면 상용화도 가능하다는 뜻이다. 컴퓨터의 계산 비용이 저하되면 다양한 분야에서 새로운 서비스가 속속 등장할 것이다. 그 분야는 자율주행으로 대표되는 자동차 산업을 비롯해 의료, 제조, 물류, 소매업, 청정에너지, 농업 등 모든 산업과 교육 분야를 아우를 것이다.

네트워크형 제조가 확산되는 제조업의 미래

2017년 8월 독일 베를린에서 사물인터넷과 인공지능을 활용한 제조업의 미래를 논의하는 국제 심포지엄이 개최되었다. 독일에서는 '인더스트리 4.0 프로젝트' 관계자, 중국에서는 '중국 제조 2025' 전문가가 집결했고, 일본에서는 경제단체연합회가 참가했다. 이 심포지엄에서 독일, 중국, 일본 지식인들이 제시한 제조업의 미래는 방향성과 속도감 모두 놀라울 정도로 닮아 있었다.

그림 5-1 은 이 심포지엄에서 일본 공장 자동화 분야의 전문가로 단상에 오른 미쓰비시전기의 야스이 고지 기사장이 발표한 '네트워크형 제조 시스템' 이행 과정의 상정 사례다.

현재는 도표 윗부분인 대기업을 중심으로 하는 정보 시스템 정비가 진행되고 있다. 도표 중간 부분인 2020년 이후에는 정비된 정보 시스템을 통해 수주 및 발주가 본격적으로 시행된다. 이 단계에서는 신규 주문에 대해 디지털 공간에서 설계 및 제조 시뮬레이션이 이루어진다.

도표 아랫부분인 2027~2037년에는 네트워크형 제조 시스템이 단계적으로 가동될 것으로 전망된다. 이 단계에서는 제조 현장에 입고되는 원재료나 가동 환경의 변화에 따라 공장이 자동으로 조정되는 기능이 실현된다. 디지털의 힘을 이용해 고객의 요구에 최적화된 가치 사슬을 탄력적으로 운영하는 '네트워크형 제조 공급

그림 5-1 네트워크형 제조 시스템 이행 과정의 상정 사례

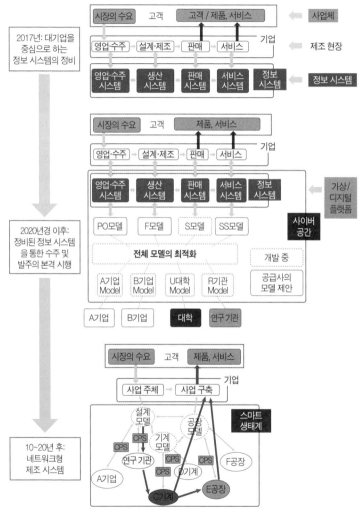

2017년: 대기업을 중심으로 하는 정보 시스템의 정비

2020년경 이후: 정비된 정보 시스템을 통한 수주 및 발주의 본격 시행

10~20년 후: 네트워크형 제조 시스템

출처 미쓰비시전기 산업메카트로닉스 사업부 아소이 고지 기사장 작성 자료

사가 등장할 것으로 예상된다.

이러한 전망은 디지털 트윈과 가상 물리 시스템을 활용한 디지털 플랫폼이 제조업 분야에서 앞으로 큰 역할을 할 것이라는 예상을 근거로 한다. 이러한 예상은 현재 세계적인 반도체 제조사나 자동차 제조사의 준비 상황만 보더라도 충분히 설득력이 있다.

이러한 변화가 일본의 제조업에 어떤 의미가 있을까? 사실 물리적인 공장의 운영 능력이나 제조 기계 기술에서 일본은 세계 최고 수준을 유지하고 있다. 따라서 제조 현장과 디지털을 잘 결합하면 일본을 대표하는 영역이 될 수 있다. 3단계인 네트워크형 제조 시스템까지 순조롭게 진행된다면 일본이 그 네트워크 안에서 중요한 역할을 맡아 세계 시장에서 높은 지위를 차지하게 될 것이다.

시행착오를 반복하면서 일본인의 성실함과 섬세함이 반영된 노하우를 인공지능이나 디지털 네트워크 시스템에 적용해 나간다면 전 세계에 그 서비스와 솔루션을 판매할 수 있다. 물론 디지털 솔루션은 세계 각 지역마다 최고의 팀이 각각 구성될 것이다. 그러나 그 안에서 일본의 기술이 중요한 자리를 차지할 가능성은 충분히 있다.

2. 우리의 생활은 어떻게 달라질까?

가까운 미래에 다가올 것으로 예측되었던 세계가 현실로

2030년 우리는 어떤 세상에서 살고 있을까? 현실 세계에서 디지털 데이터를 수집하고 인공지능으로 시뮬레이션하여 가까운 미래를 예측할 수 있는 세상이다. 과거의 패턴을 인공지능과 빅데이터로 해석하여 장래에 일어날 가능성이 높은 상황을 분석하고 예측할 수 있게 될 것이다. 한편 공장에서는 앞에서 소개한 네트워크형 제조 시스템이 실제로 가동될 가능성이 높아 보인다.

크게 달라질 일터의 모습

2030년 네트워크형 제조 시스템으로 이행하는 단계에서는 우리의 일터도 크게 달라질 것이다. 컴퓨팅 파워가 향상되어 반복적으로 처리해야 하는 단순 사무 업무를 인공지능이 대신 처리해주어 업무량이 크게 줄어들 것이다. 소프트웨어와 로봇을 활용한 단순 업무의 효율화는 RPA Robotic Process Automation(로봇 공정 자동화)라고 불리는 기술이 이미 상용화되어 있다. 로봇이라는 표현이 들어가지만 소프트웨어를 이용한 업무 자동화와 효율화를 말한다.

미래에는 사무직의 단순 업무가 줄어서 주 4일 근무제가 현실이 될지도 모른다. 일주일에 사흘이나 쉬면 그 시간에 뭘 하면서 보낼지 불안해 할 사람도 있을 것이다. 하지만 사흘 동안은 자신의 취미나 특기를 살려서 본래 업무와 완전히 다른 분야의 부업을 할 수 있다. 아니면 디지털 기술을 비롯한 새로운 노하우를 배우는 평생 교육에 사용할 수도 있다.

그렇다면 영업 현장은 어떻게 달라질까? 가상 물리 시스템, 디지털 트윈, 맞춤형 대량 생산, 사물인터넷 서비스 등 디지털 기술에 정통한 컨설턴트가 중요한 역할을 할 가능성이 있다. 네트워크화된 설계 및 제조 라인의 디지털 시뮬레이션이 영업상 필요한 비용이나 납기 정보와 직결될 것이다.

제조 현장은 '장인×디지털'이 필수 구조가 될 듯하다. 현장 직원은 조립 라인을 고객의 요구에 맞춰 탄력적으로 변경하거나 인공지능을 이용해 공장의 빅데이터를 분석하는 등의 업무를 담당하게 될 것이다. 그런 업무에서 컴퓨터 프로그래밍은 필수 기술이 될 것으로 보인다.

유통 분야에서는 트럭이 고속도로에서 자율주행이나 5G를 이용해 군집 주행을 할 수 있게 되어 운전기사 부족 문제를 해소하는 데 이바지할 것으로 보인다. 또 앞에서도 살펴보았듯 자가용 이외의 택시나 철도 같은 이동 수단을 편리하게 선택하고 결제할 수 있는 서비스를 제공하는 MaaS가 추진되고 있다. 머지않아 물류에서도 철도나 배, 항공 같은 운송 수단의 최적화 서비스를 제공하는 디지털 플랫포머가 등장해서 이용자는 디지털상에서 자신이 원하는 운송 수단을 선택만 하면 되는 시대가 올 것이다.

판매 분야에서는 인터넷과 스마트폰의 폭발적인 보급으로 급격하게 증가한 전자상거래 판매 형태가 오프라인 매장과 융합될 것이다. 2030년에는 전자 결제가 일상화되고 유통망이 완벽하게 연동되어서 오프라인 매장에서 사든 온라인 쇼핑몰에서 사든 편리하게 배송 서비스를 받게 될 가능성이 있다. 전자상거래라는 말은 더이상 쓰이지 않는 고어가 되고, 오프라인 매장을 IT 기업의 계열사가 경영하는 것이 지극히 자연스러운 사회가 될 것이다.

3. 2030년에 두각을 나타낼 기업

클라우드 인프라의 바탕이 되는 제1계층 기업

2030년에는 클라우드 컴퓨팅 서비스를 제공하는 거대 IT 기업이 세계의 디지털 인프라를 제공하는 기업으로서 지금보다 더욱 지위를 확고히 할 것이다. 현재 클라우드 컴퓨팅은 AWS, 마이크로소프트, 인공지능 왓슨으로 유명한 IBM, 구글 등의 미국계 디지털 플랫포머 IT 기업과 알리바바, 텐센트 등의 중국계 디지털 플랫포머 IT 기업이 선도하고 있다. 2030년에는 각 기업이 두각을 나타내는 시장을 각각 장악할 가능성이 높다.

하지만 제1계층이라고 불리는 이들 기업이 모든 산업의 가치 사슬을 전부 독차지하는 것은 아니다. 예컨대 제조업 분야에서 앞서 소개한 네트워크형 제조를 실제로 가동시키려면 디지털 분야의 노하우만으로는 부족하다. 제조 현장에 정통한 공장 자동화 기술, 통신 기술, 가치 사슬 관리 기술 등도 필요하다.

제2계층 기업과 디지털 아키텍처의 역할

2030년에는 제조업만이 가진 지식과 기술을 제공하는 제2계층의 서비스 플랫폼이 두각을 나타낼 것이다. 그리고 이 플랫폼에 API를 개발, 제공하는 기업이 포함된 우수한 기업연합팀이 제조업에서 주도권을 쥐고 수익을 올릴 가능성이 높다.

제2계층에서는 부품의 데이터 모델링 기술이 점점 더 중요해질 것이다. 디지털상에서 예측 즉 시뮬레이션을 하려면 실제 제품과 똑같이 작동하는 디지털 모델을 제공하는 능력이 필요하기 때문이다. 모델링이 제대로 되지 않으면 실제로는 가동 성능이 뛰어난데도 디지털상에서 충분히 품질을 재현하지 못해서 품질이 낮은 다른 기업의 제품이 선택되는 사태가 일어날 가능성도 충분히 있다.

제2계층에는 에지라는 공장 제어에 주안을 둔 디지털 플랫포머도 포함되는데, 앞으로 클라우드 컴퓨팅과 에지 컴퓨팅은 개발 단계부터 협력, 융합할 것으로 보인다. 현재 제2계층 분야에는 제조업 경험이 풍부한 독일의 지멘스와 SAP, 프랑스를 대표하는 다쏘Dassault 등이 적극적으로 진입하고 있다. 일본에서는 제2계층의 플랫폼 기업에 속하는 미쓰비시전기, 히타치제작소, 후지쓰Fujitsu 등

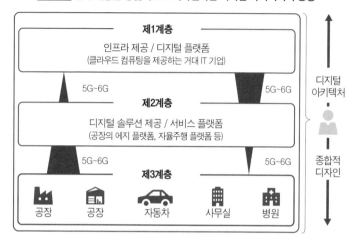

그림 5-2 전체 계층을 종합적으로 디자인하는 디지털 아키텍처의 등장

제1계층
인프라 제공 / 디지털 플랫폼
(클라우드 컴퓨팅을 제공하는 거대 IT 기업)

5G~6G

제2계층
디지털 솔루션 제공 / 서비스 플랫폼
(공장의 에지 플랫폼, 자율주행 플랫폼 등)

5G~6G

5G~6G

5G~6G

제3계층
공장　공장　자동차　사무실　병원

디지털
아키텍처

종합적
디자인

이 높은 부가 가치를 창출하는 우수한 기업을 생태계에 불러들일 수 있을지 주목받고 있다.

한편 제3계층에서는 자율주행이 상용화되고 공장과 창고의 가동 시스템도 최적화될 것이다. 그렇게 되면 현실 세계의 사물이 디지털 세계와 더 안전하고 확실하게 연동되는 우수한 제품을 만드는 능력이 한층 더 요구될 것이다. 그 점에서 일본은 특유의 '스리아와세'24 능력을 발휘할 수 있다.

---

24 스리아와세(すり合わせ) 완성품 제조사와 소재·부품 공급사가 기술 개발 단계부터 모든 과정에서 긴밀하게 협력하여 고객의 니즈나 용도에 맞춰 조금씩 다른 공정을 시도하면서 고객에게 적합한 제품을 생산하는 일본 고유의 생산체계를 통칭하는 말. ─옮긴이 주

제3계층에서는 플랫폼 생태계를 구축한 기업이 주도권을 쥐고 생태계에 참여하는 솔루션 기업과 윈윈win-win 관계를 형성할 것이다. 그러면 제1, 제2, 제3계층을 종합적으로 보고 디자인할 수 있는 디지털 아키텍처Digital Architecture가 중요해질 것으로 보인다 그림 5-2.

디지털 공장의 노하우를 판매하는 미래 비즈니스 모델

제조업에서는 제품을 제조하는 노하우(공장의 디지털 설계도와 가동 노하우)를 그대로 담아 소프트웨어로 판매하는 기업이 대두할 가능성이 있다. 독일에서는 이 비즈니스 모델을 실제로 실현한 스타트업이 등장했다. 독일 뒤셀도르프에서 자동차로 한 시간 거리, 벨기에 국경 근처의 대학가 아헨에 있는 이고모바일e.Go Mobile이라는 기업이다. 이고모바일은 설립한 지 고작 3년 만에 인더스트리 4.0의 최첨단 기술을 상용화한 스마트 전기차 공장을 가동했다 그림 5-3.

이고모바일은 전기차를 설계해 생산할 뿐만 아니라 판매한 전기차의 주행 데이터를 수집해 전기차를 개선하는 데 사용한다. 나아가 그 전기차를 제조하는 디지털 공장의 설계도와 가동 노하우를 그대로 다른 회사에 제공, 판매하는 획기적인 비즈니스 모델을 발표했다. 제품을 만들어 판매하는 비즈니스를 넘어서 제품을 만드는 스마트 공장 모델과 디지털 제어 기술 그 자체를 판매하는 비즈니스를 시작한 것이다.

그림 5-3 독일 아헨의 이고모바일

이 스타트업을 설립한 최고경영자CEO는 독일 최고 수준의 디지털 제어 기술을 가진 아헨 공과대학의 귄터 슈Günther Schuh 교수다. 그는 스타트업을 신설하고 이산화탄소 저감과 환경 대책을 위해 독일 최대 물류 회사인 도이치포스트DHL의 배송 차량을 전기차화하는 프로젝트를 성공시키며 독일에서 일약 유명 인사가 되었다. 지금은 독일 정부의 전기차 정책과 인더스트리 4.0 정책을 지원하는 메르켈 총리의 참모 중 한 사람으로도 알려져 있다. 슈 교수는 '재미있고' '부담 없는 가격대'의 전기차를 설계해 판매하겠다는 비전을 제시했다. 디지털 설계부터 생산, 사후 관리까지 아우르는 서비스를 실현한 사례라고 할 수 있다.

제조 노하우를 판매하는 비즈니스는 앞으로 제조업의 디지털화를 본격적으로 추진해나갈 동남아시아 등의 기업에서 수요가 많을 것이다. 앞으로는 이와 비슷한 비즈니스를 하는 기업이 늘어나서 공장의 디지털화 노하우를 제공하거나 업데이트하는 서비스가 속속 등장할지도 모른다.

4. 어느 나라가
주도권을 잡을 것인가?

미국과 중국의 디지털 패권 다툼은 장기화

제1장에서 살펴본 미국과 중국의 세계적인 디지털 패권 다툼의 원인은 단기적인 요인이 아니라 인공지능과 빅데이터 등을 활용한 산업 경쟁력, 최종적으로는 안전 보장에 이르는 장기적인 요인 때문이다. G2라고도 불리는 두 나라의 4차 산업혁명 기술을 둘러싼 경쟁은 2030년까지도 그때그때 미국 정권의 방침에 따른 영향을 받으며 지속될 것으로 보인다.

미국에는 압도적인 인공지능 인재와 실리콘밸리를 비롯한 디지털 기업의 네트워크, 기관 투자가의 자금력이 있다. 미국 정부는 '인공지능×디지털'을 활용한 컴퓨팅 파워를 인프라로 제공하는 역할을 지속하면서, 광고와 소매 산업의 디지털화에 뒤이어 자동차 산업과 헬스케어 시장 등 산업 전체로 디지털화 및 서비스화가 확대 되도록 지원하는 방침을 이어나갈 것이다.

그리고 같은 북미권의 캐나다는 물론 브렉시트로 나아가는 영국 과 디지털 기술에서 지금보다 더 공고히 협력할 것이다. 또 과거 영 국령이었던 호주 등의 국가에서도 디지털 경제권의 리더 지위를 더욱 강화할 것이다.

반면 중국은 인구 14억 명의 대규모 내수 시장을 바탕으로 세계 최고 수준의 디지털 기술을 달성하겠다는 방침을 이어갈 것이다. 대미 전략을 통해 어떻게 타협점을 찾아나갈 것인지는 다른 차원 의 문제로 보인다. 미국의 공격 대상인 '중국 제조 2025' 정책의 명 칭은 본질이 아닌 것이다.

기술을 가진 IT 플랫포머가 디지털 세계의 구상안을 구체적으로 제공하기만 하면 자율주행을 위한 5G 등의 인프라는 국가 차원에 서 얼마든지 정비할 수 있다. 이것은 오히려 중국이 잘하는 분야다. 다양한 규격을 과감하게 건너뛰고 국가 주도로 일제히 최신 규격 을 도입하는 것이다. 이렇게 할 경우 최적화의 효과가 가장 높아서 크게 도약할 수 있다.

중국이 주도하는 디지털화에서 잊지 말아야 할 존재는 '화교'라고 불리는 중국 이민자들이다. 원래는 중국 공산당의 방침에 반발해 중국을 떠난 사람들인데 싱가포르, 말레이시아, 인도네시아 같은 아시아 국가의 금융계와 경제계에서 실질적인 리더 역할을 하고 있다. 그들이 4차 산업혁명의 디지털 기술을 부가 가치를 창출하는 도구라고 생각한다면 이데올로기보다는 비즈니스를 중시하며 중국의 거대 IT 기업과 협력할 수도 있을 것이다. 그렇게 된다면 중국이 동남아시아의 디지털화를 추진하는 시나리오도 충분히 가능하다.

유럽연합과 독일, 그리고 일본의 주도권

G2의 디지털 패권 다툼 사이에 서 있는 유럽연합, 그중에서도 리더 역할을 하는 독일은 일본과 입장이 비슷하다. 독일은 대서양을 사이에 두고 미국과 마주 보고 있고 '파이브 아이즈+3'[25]라는 기밀 정보 동맹 체제에 소속되어 있다. 한편 중국과는 유라시아 대륙으로 이어져 있다. 또 앞에서도 설명했듯 중국의 중국 제조 2025는 GDP 세계 4위인 독일의 인더스트리 4.0 정책을 참고해서 기획되었다.

일본도 독일과 마찬가지로 에너지 자원이 없고, 자동차 산업이나 공장 자동화 등 제조업 분야에서 기술을 연마해 GDP 세계 3위를 달성했다. 미국은 안보상 태평양을 사이에 두고 협력하는 관계인 한편, 도쿄에서 베이징까지 비행기로 고작 세 시간 거리에 있는 이

---

25 파이브 아이즈+3 미국, 영국, 호주, 뉴질랜드, 캐나다 5개국이 기밀 정보를 공유하는 기존의 동맹체 '파이브 아이즈(Five Eyes)'에 프랑스, 독일, 일본 3개국이 합류하면서 만들어진 체제. 2019년 중국 등의 사이버 공격에 관한 정보를 공유하고 대응한다는 취지에서 출범하였다. —옮긴이 주

웃 나라 중국은 일본 최대의 수출국이다.

이렇듯 비슷한 점이 많은 일본과 독일은 둘 다 자동차 산업의 서비스화와 전기차화를 통해 주도권을 잡으려 하고 있다. 실제로도 일본의 도요타자동차와 도요타 그룹 계열사, 또는 독일의 최대 자동차 제조사와 보쉬, 콘티넨탈Continental 등의 부품 제조사가 IT 기업과 제휴를 맺고 제2계층 플랫폼 기업으로서 주도권을 쥘 가능성은 충분해 보인다.

제1장에서 소개한 스마일 커브(50쪽 참조)의 부품·소재 부문에서도 자동차 부품이나 전기차 배터리의 차세대 기술인 전고체 배터리, 화학·재료 분야 등에서 일본이나 독일이 주도권을 쥘 가능성은 충분히 있다. 예를 들어 전기차의 차체가 얼마나 가벼운지는 주행 거리와 상품성을 결정하는 중요한 요소인데, 이 분야에서 BMW 전기차에도 공급되는 탄소 섬유는 도레이Toray 등으로 대표되는 일본의 기술이 세계 최고다.

제2계층에서 일본과 독일이 확고한 지위를 확립하기 위해 중요한 키워드는 '신뢰'일 것이다. 디지털 서비스를 이용하는 소비자의 안정감이라고 말해도 좋을 듯하다. 디지털화된 공장과 가치 사슬에서 도출한 디지털 시뮬레이션 결과를 현실 세계에서 그대로 구현할 수 있다는 보장, 자율주행 자동차가 폭주할 우려가 없다는 안정감, 건강 진단 결과 같은 디지털 정보가 안전하게 보호되어 개인 정보가 유출되지 않는다는 믿음, 이러한 디지털 시대의 신뢰는 높은 부가 가치를 창출하고 주도권을 획득하는 데 핵심 요소가 될 것이다.

2019년 일본 정부는 G20에서 "신뢰도 높은 자유로운 데이터 유통을 목표로 해야 한다"고 세계를 향해 발언했다. 일본에서는 이 내용이 크게 보도되지 않아서 대단히 안타깝다.

2030년
제4차 산업혁명

일본의
미래

1. 경영자의 역할

4차 산업혁명의 핵심 플레이어로 활약할 수 있다

2019년 5월 일본은 새 일왕이 즉위해 연호가 바뀌면서 헤이세이平成에서 레이와令和라는 새로운 시대를 맞이하였다. 과거 세계 시가 총액 상위 10위 기업을 일본이 독차지하다시피 했던 시대를 지나 1990년대의 거품 붕괴, 2008년의 리먼브러더스 사태, 2011의 동일본 대지진 같은 고난의 시기를 극복하면서 일본 기업은 효율화에 매진하고 사내 유보금을 축적하며 부활을 이뤘다. 이제 우리는 4차 산업혁명이라는 큰 변화가 시작된 시대에 마주하고 있다.

"자동차 산업에서 100년에 한 번 있을 법한 대변혁이 일어나고 있다."(도요타 자동차 도요다 아키오 사장)

"자동차 역사 130년에 걸쳐 일어난 변화에 필적하는 변화가 앞으로 불과 20년 만에 일어난다."(독일 자동차 산업계의 슬로건)

"제조업 등의 산업에서 게임 체인지가 일어날 것이다. 기회는 첫 10년뿐이다."(야후재팬 아타카 가즈토 CSO)

이들 메시지에도 그러한 현실이 잘 나타나 있다. 일본 기업의 경영자들이 외국의 거대 IT 기업과 스타트업의 동향을 살피며 상황을 지켜보는 수동적인 자세에서 벗어나 과감하게 한 걸음 내딛기를 기대한다. 속도감 있는 전략으로 세계를 향해 도전한다면 일본 기업이 4차 산업혁명의 핵심 플레이어로 세계에서 빛날 수 있을 것이다.

에도 시대 말기, 흑선이라는 1차 산업혁명에 맞닥뜨렸던 일본

사실 일본은 지금과 아주 비슷한 상황에서 엄청난 속도로 변화하여 성공을 거둔 경험이 있다. 200년 이상 쇄국을 고수해온 에도 시대 말기인 1853년, 미국이 흑선을 몰고 와서 개항을 요구했을 때다. 당시 일본인들은 미국 등 여러 서구 국가의 압도적인 능력에 놀라움을 감추지 못했다. 돌이켜 생각해보면 그 능력의 근원은 당시 영국에서 시작된 증기 기관이라는 1차 산업혁명 기술이었다. 당시 미국과 유럽 국가들은 증기라는 신기술을 자유자재로 구사했다. 흑선은 새로운 기술의 상징이었던 것이다.

외국의 기술에 큰 충격을 받은 일본은 기존의 낡은 시스템을 버리고 맹렬한 속도로 변화해 나갔다. 서구 국가들을 따라잡으며 메이지明治 시대(1867~1912)에 현재 일본의 기초를 완성했다. 사회와 산업 시스템의 대전환기에 새로운 시대를 구축하는 데는 젊은 경영자들의 도전이 큰 몫을 했다. 우리는 지금 그때와 같은 커다란 변화가 다가오고 있음을 깨달아야 한다.

21세기 세계를 바꿀 4차 산업혁명의 흑선

그렇다면 21세기에 세계를 변화시키고 있는 4차 산업혁명의 흑선은 대체 무엇일가? 그것은 이 책에서 살펴보았듯 우리의 상상을 능가하는 속도로 진화하고 있는 컴퓨팅 파워와 인공지능, 사물인터넷으로 대표되는 디지털 기술일 것이다. 디지털 기술은 소매업과 마케팅, 광고 등 산업의 형태를 전 세계적으로 완전히 뒤바꿔 놓았다. 앞으로 컴퓨팅 파워가 더욱 향상되고 기술의 비용이 계속 낮아지면서 디지털화는 모든 산업으로 확장될 것이다.

일본의 경제 기반이기도 한 제조 분야에서도 디지털 가치 사슬로 전환하는 흐름이 활발해질 것으로 예상된다. 자율주행이나 전기차 등 모빌리티 업계에서도 반도체의 가격 파괴가 일어나서 디지털 기술이 비즈니스 모델을 순식간에 변화시킬 것이다. 점점 더 컴퓨터의 계산 비용은 저렴해지고 계산 속도는 빨라져서 제조 현장에서 3D 프린터를 활용하게 될 것으로 예상된다. 또 사물인터넷을 통해 효율적으로 에너지 관리를 할 수 있게 되면서 태양광 등의 청정에너지 활용이 폭발적으로 증가하고, 스마트 시티의 성공 사례도 등장할 것이다. 이런 연속적인 큰 변화는 일본 기업에 엄청난 기회가 될 수 있다. 일본 기업의 경영자들이 이 점을 꼭 가슴에 새기길 바란다.

제1장의 스마일 커브를 떠올려보자(50쪽 참조). 예를 들어 소재 제조사라면 큰 기회가 있음을 알 수 있다. 전기차는 차체의 경량화가 주행 거리, 즉 성능을 결정하는 핵심 요소다. 탄소 섬유 기술에서 세계 최고로 꼽히는 일본의 소재 제조사는 앞으로 더 큰 비즈니스 기회를 기대할 수 있다.

전기차 시장의 판도를 뒤바꿀 혁신으로 여겨지는 전고체 배터리는 2020년대에 상용화될 것으로 여겨지며, 인공지능 기술을 적용한 시뮬레이션을 통해 소재 개발도 시작되었다. 일본 기업이 이 개발에 성공해서 세계를 선도할 가능성은 충분히 있다.

일본을 대표하는 산업인 자동차 산업도 자율주행과 전기차 등의 CASE(53쪽 참조) 분야에서 세계적인 성공을 거둘 기회가 있고, 컴퓨팅 파워의 향상을 좌우하는 일본의 반도체 장비 제조사의 기술력은 미국과 나란히 세계 최고 수준이다.

일본은 방향을 잘못 잡지만 않는다면 4차 산업혁명 속에서 디지털 솔루션 팀의 중요한 일원이 될 잠재력이 충분하다. 부디 늦기 전에 각 기업이 자사의 강점을 살려 승리를 거머쥐려면 어떻게 디지털화를 추진해야 할지 깊이 고심해보길 바란다.

2. 인재 활용과 조직 편성

파괴적인 혁신의 딜레마

4차 산업혁명 시대는 인공지능과 빅데이터를 활용해 새로운 비즈니스를 만들어낼 가능성이 아주 크다. 그런데 한 가지 딜레마가 있다. 최신 디지털 기술을 활용해 찾아낸 신규 사업이 자사의 기존 사업 모델을 위협하는 존재가 된다는 점이다. 이것을 파괴적 혁신이라고 부른다.

예를 들어 자사의 중요한 경영 기반 사업일수록 다양한 리스크로부터 보호하려는 힘이 작용한다. 만일 새로 구상한 사업이 그 사업에 위협이 된다면 아무리 성공할 가능성이 있더라도 배제하려는 힘이 작용하게 마련이다. 이것이 기술이 크게 진화하는 시대의 딜레마다.

실제로 독일에서는 전기차 개발에서 그러한 딜레마가 발생했다. 독일을 대표하는 대형 자동차 제조사에서 지금까지 절대적인 권력을 쥐고 있던 내연 기관의 휘발유 엔진 개발 부서가 모터를 이용해 전기차를 개발하는 부서와 대립하는 일이 생긴 것이다. 또 자율주행과 차량 공유 같은 기술의 핵심인 소프트웨어 개발 부서의 관리자가 조직 내 최고경영진에 포함되는 일은 아직 드물어서 과감한 경영 수완이나 재량을 발휘하기 힘든 경우도 있다고 한다.

4차 산업혁명을 성공으로 이끌기 위한 또 다른 과제는 속도다. 상품의 라이프 사이클이라고 불리는 기획, 설계부터 제조, 판매, 서비스 제공까지 걸리는 기간은 점점 더 짧아지고 있다. 4차 산업혁명이 가치 사슬의 최적화와 효율화를 이끈다는 점을 생각하면 당연한 결과일지도 모른다. 게다가 컴퓨팅 파워는 점점 더 향상되고, 그와 비례해 반도체의 가격 파괴와 소형화가 진행되어 컴퓨팅 파워를 이용하는 비용은 기하급수적으로 낮아지고 있다. 이러한 변화에 따라 산업도 크게 달라지므로 변화에 민첩하게 대응할 필요가 있다. 일본 기업은 현실 세계의 제조업과 유통업 등에서는 경쟁력이 높지만 의사 결정 속도가 더디다는 점이 거대 IT 기업이나 국내외 스타트업과 제휴를 맺거나 투자 활동을 할 때 족쇄로 작용한다.

디지털 인재를 확보하는 일 역시 큰 과제다. 스마트폰은 2007년 아이폰이 출시되면서 폭발적으로 보급되어 이제는 디지털 세계와 현실 세계를 연결하는 가장 중요한 도구로 자리 잡았다. 어릴 때부터 스마트폰을 자유자재로 사용하고 디지털 세계와 항상 연결되어 있는 것을 당연하게 여기는 젊은 세대를 가리키는 '디지털 네이티브'라는 용어도 생겨났다. 독일의 폭스바겐이 스타트업과 공동 프로젝트를 진행하는 점에서도 알 수 있듯, 새로운 비즈니스 모델을 개발하려면 디지털 네이티브 세대의 인재와 얼마나 잘 협력하는지가 대단히 중요하다. 일본 기업은 인공지능 등의 디지털 기술을 전문적으로 다룰 수 있는 젊은 인재를 적극 활용하는 체제를 하루빨리 구축해야 한다. 최신 뉴스에서도 소니Sony가 인공지능 등의 전문 기술을 보유한 신입 사원에게 고액 연봉을 지급한다는 내용이 보도되어 주목을 받았다. 한편 기존 직원들의 급여 체계와 격차가 발생하는 데 따른 리스크를 걱정하는 목소리도 적지 않다.

공격과 수비 조직을 분리하라

싱크탱크인 일본경제조사협의회가 개최한 연구회에 일본의 인공지능 연구 일인자와 경영자들이 모여 앞에서 언급한 과제를 극복할 방안을 논의했다. 그때 내린 결론은 '기업의 공격과 수비 조직을 분리한다'이다. 공격 조직은 과감히 별도 회사로 독립시키는 방법도 생각할 수 있다. 그 조직에는 젊은 인재를 적극 투입하여 디지털 기술을 적용한 솔루션을 스타트업과 똑같은 속도로 사업화하는 것이다. 알리바바의 케이스를 떠올려 보자(156쪽 참조). 앞으로는 소프트웨어 활용 능력이 뛰어난 인재가 이러한 공격 조직의 경영자에 오르는 일이 흔한 풍경이 될지도 모른다.

일본 기업 환경에서는 기존 사업의 연구개발비에 비해 신규 사업 투자에 대한 예산을 확보하기가 어려운 편이다. 하지만 지금과 같은 커다란 변화의 시대에는 기존에 쌓아둔 사내 유보금을 활용해 대담하게 신규 사업에 투자해야 한다. 점점 더 빨라지고 있는 세계의 변화는 우리를 마냥 기다려주지 않는다. 4차 산업혁명의 디지털 세계는 빨리 진입한 기업이 승리하기 쉽다는 특징이 있다. 속도가 중요한 시대인 만큼 일본의 기업가에게도 속도감이 필요하다.

3. 지방 활성화와 저출산 고령화 문제를 해결할 비장의 카드

4차 산업혁명이 세계의 '자급자족'을 이끈다

제3장에서 소개한 아디다스의 세계 최첨단 스피드 팩토리는 베를린 같은 대도시가 아니라 뮌헨에서 북쪽으로 200킬로미터나 떨어진 인구 4만 명 정도의 작은 교외 마을 안스바흐에 있다. 뉘른베르크에 있는 아디다스 본사에서도 40킬로미터 떨어진 이 시골 마을이 어떻게 세계 최첨단의 맞춤형 대량 생산에 도전하는 공장의 입지로 선택되었을까? 예전부터 아디다스에 부품을 공급해온 가치 사슬의 핵심인 우량 중견기업이 이 마을에 있었기 때문이다. 독일의 지방 중견기업이 제조 기술력으로 아디다스를 탄탄히 받쳐주고 있는 것이다.

아디다스는 자체 개발한 기술만을 고집하기보다는 4차 산업혁명의 주축인 고속 3D 프린팅을 개발한 미국 벤처 기업을 파트너로 맞이하여 지방에 위치한 공장에서 도전을 시작했다. 이 비즈니스 모델은 디지털의 힘을 이용하면 선진국도 시장과 가까운 곳에서 대량 생산과 동일한 비용으로 제품을 생산할 수 있다는 가능성을 보여주었다. 현지에서 생산해 현지에서 소비하는 자급자족을 가능하게 하는 비즈니스 모델인 것이다.

대량 생산과 디지털의 힘을 활용한 맞춤형 대량 생산의 비용 차이가 점점 더 줄어들고 있는 지금, 대량 생산 일변도의 시대는 막을 내리고 있다. 일본 시장에서도 인건비가 저렴하다는 이유로 해외로 거점을 옮긴 공장 중 일부가 국내로 되돌아와 자급자족을 진행할 가능성이 있다.

한편, 현재 지방은 저출산으로 인한 노동력 부족이라는 과제를 안고 있다. 그러나 4차 산업혁명 시대의 공장에서는 디지털 기술이 노동자를 지원하므로 필요한 노동력을 줄일 수 있다. 숙련공의 노하우가 디지털화되어 비교적 경험이 부족한 젊은 작업자를 인공지능 등이 지원할 수 있는 시대가 다가오고 있다. 저출산 고령화라는 환경에서 새로이 추진한 제조업 모델이 성공한다면 동일한 상황에 놓여 있는 다른 국가에 이 모델을 판매하는 비즈니스도 기대할 수 있다.

또 생활에 필요한 에너지와 전기도 자급자족이 기대된다. 태양광 등의 청정에너지를 발전하고 공급하는 소규모 전력망인 '마이크로그리드Microgrid'는 지방 자치 단체나 기업이 주도해서 지역별로 구축할 수 있다.

핵심은 에너지 효율을 높이는 기술이나 소프트웨어를 제어하는 기술은 점점 더 진화 속도가 빨라지고 비용은 계속 낮아질 것이라는 점이다. 자급자족 모델은 지방 활성화에 도움이 될 것으로 기대된다.

일본형 자율주행 도입으로 지방이 안고 있는 과제 극복

최근 들어 일본에서는 고령자가 브레이크와 액셀을 잘못 밟아서 일어나는 사고가 늘고 있다. 시마네의 고향 집에 살고 있는 어머니는 고령자가 운전하던 차량이 편의점에 충돌했다는 뉴스를 보고 운전 면허증을 반납했다. 하지만 일본에서 가장 고령화가 빨리 진행되는 지방 중 하나인 시마네 현에서는 차를 운전하지 못하면 몹시 불편하다. 당장 장을 보는 것부터가 보통 일이 아니다.

고령자의 이동 수단 확보라는, 지방이 안고 있는 과제를 극복할 방법은 없을까? 지방에서는 보통 중심가 주변에 있는 대형 쇼핑센터에 차를 몰고 가서 필요한 물건을 사는 경우가 많다. 그래서 일본의 지방 도로는 폭이 넓고 잘 정비되어 있다. 그러므로 지방에서 자율주행 실증 실험을 적극적으로 추진하여 고령자가 자율주행을 활용하는 케이스를 늘려나가는 방법도 좋을 듯하다.

자율주행 기능에 차량 공유를 결합하는 방법도 있다. 자율주행 소형 버스로 고령자들의 이동을 커버하는 것이다. 자율주행과 차량 공유 서비스를 패키지화하면 앞으로 저출산 고령화가 진행될 국가에 MaaS(56쪽 참조) 사업 모델로 판매할 수도 있지 않을까?

전기차 역시 지방 활성화에 도움이 될 듯하다. 전고체 배터리가 개발되면 전기차 시장은 더욱 가속도가 붙을 것이다. 세계적으로는 유럽이나 중국, 미국 서해안 등의 정체가 심한 대도시에서 소형 전기차 활용이 논의되고 있다. 하지만 일본에서는 지방이야말로 소형 전기차를 활용하기에 매우 적합하다.

앞에서 말한 대로 일본의 지방에서 생활하려면 자동차는 필수품이다. 쇼핑 등 가까운 곳을 이동하는 데 경제적이어서 경차를 찾는 사람이 늘고 있는 만큼, 경차를 전기차로 바꿔 나가면 좋을 듯하다. 나아가 수명이 다한 전기차 배터리는 가정이나 기업 등에서 만든 태양광 같은 청정에너지를 저장하는 장치로 재활용하는 방안도 생각해볼 수 있다.

4. 농업의 디지털화

농업의 스마트화, 정밀화로 지방 활성화

일본의 농업도 빠르게 고령화되고 있다. 일본 전국 농업 종사자의 평균 나이는 67세다. 연령별 비율도 70세 이상이 47퍼센트이니, 일본의 농업 종사자 절반이 70세 이상인 상황이다.

한편, 현재 진행되고 있는 4차 산업혁명 기술은 농업 분야에 획기적인 변화를 가져올 잠재력이 있다. 대규모 농업이 가능한 미국이나 호주 등과 달리 일본은 산지와 구릉지가 국토의 70퍼센트를 차지하고 소규모 농가가 많다보니 지금까지는 비용 대비 효과의 관점에서 디지털 기술을 도입하기가 쉽지 않다는 지적도 있었다.

하지만 컴퓨팅 파워는 향상되는 반면, 계산 비용은 점점 낮아지는 추세다. 게다가 기상 빅데이터와 농지 데이터, 영상을 분석해 농사를 효율화할 수 있는 클라우드 컴퓨팅이나 농사를 자동화할 수 있는 로컬 5G 등의 기술을 도입해 전체 비용을 줄이고 수익을 늘릴 가능성도 높아지고 있다. 지금까지 디지털화 도입이 더뎠던 농업 분야야말로 젊은 디지털 인재들이 프로젝트나 실증 실험에 참여해 효율화를 추진하고 비즈니스 모델을 창출할 잠재력이 높지 않을까?

농업에 '인공지능×데이터'와 자율주행을 활용

인공지능과 데이터를 활용하면 스마트 농업을 효율적으로 실현할 수 있다. 이미 정밀 농업이라는 명칭도 생겨났다. 예를 들어 자율 비행 드론으로 농지를 모니터링해서 해충이나 병충해 피해가 있는 곳을 골라낸 후, 인공지능의 딥러닝 기술이나 클라우드 서비스 기술을 활용해 드론이 촬영한 영상을 분석한다. 그리고 디지털 기술을 통해 병충해 피해의 원인을 밝혀낸 다음, 필요한 장소에만 드론으로 농약을 뿌리는 것이다.

식물 공장에서도 센서를 활용해 물이나 습도, 일조 상황을 모니터링하며 효율적으로 농업을 진행할 수 있다. 앞으로는 센서를 설치하는 데 드는 비용, 식물 공장을 제어하는 데 필요한 컴퓨터의 계산 비용이 낮아져서 식물 공장을 상용화할 수 있는 분야가 늘어날 것으로 예상된다.

자율주행 기술도 농업에 활용될 것이다. 트랙터 같은 농기계의 자율주행은 물론, 도매 시장이나 농산물 유통 센터에서도 대형, 소형 트럭의 자율 운반이 가능해질 것이다. 일본에서는 농업용 자율주행 로봇이 인공지능을 이용해 수확을 대행하는 실제 사례도 이미 등장했다.

거대 IT 기업, 디지털 플랫포머가 농업 분야를 적극적으로 지원할 가능성도 있다. 디지털 플랫포머들은 디지털 파워를 이용해 온라인을 넘어 오프라인 물류까지 사업 분야를 확장해 왔다. 앞으로는 제조뿐 아니라 스마트 농업의 생산까지 진출하는 전략을 펼칠 가능성은 충분하지 않을까?

5. 세계를 견인하는 디지털 대국으로의 도약

세계의 과제가 될 고령화와 인구 감소로 인한 노동력 부족

세계에서 가장 빠르게 고령화가 진행 중인 일본은 인구 감소로 인한 노동력 부족을 시급히 극복해야 하는 상황이다. 그런데 사실 고령화에 따른 노동력 감소는 일본뿐 아니라 전 세계의 과제이기도 하다. 미국 신용평가사 무디스의 추정에 따르면 2014년 기준 65세 이상 인구가 20퍼센트를 넘는 나라는 독일, 이탈리아, 일본뿐이다. 하지만 2030년에는 34개국까지 늘어날 것으로 예상된다.

일본이 고령화와 노동력 부족이라는 과제를 극복하는 것은 세계의 과제를 극복하는 일이기도 하다. 4차 산업혁명의 디지털 기술을 이용해 이 과제를 극복해낸다면 일본의 미래 수출 산업으로 결실을 볼 가능성이 있다.

사물인터넷을 활용한 예방 의료로 고령자 의료를 극복

예를 들면 고령자 의료 분야다. 우리 생활에서 가장 중요한 것은 건강이다. 고령화로 인한 의료비 증가는 현재 일본 재정의 커다란 과제다. 이 과제를 극복할 방법 중 하나로 예방 의료 대책이 있다. 요컨대 병원에 가지 않아도 되는 고령층을 늘려서 의료비 부담을 줄이는 방법이다. 병에 걸려서 치료를 받기 전에 건강한 몸을 유지할 수 있도록 지원하는 것이다.

병에 걸리기 전에 몸에서 보내는 신호를 놓치지 않기 위해서 사물인터넷 기술을 활용할 수 있다. 앞으로는 직접 병원에 가지 않아도 집 안에 설치된 센서로 언제든 건강 검진을 받을 수 있는 원격 검진이 가능해질 것이다. 5G 도입도 이러한 추세를 촉진할 것이다.

고령자의 건강 상태를 확인하는 데 사용될 센서는 제2장에서 소개한 초소형 센서나 인공지능을 탑재한 초소형 컴퓨터 '스마트 더스트'가 맡게 될지도 모른다. 의료 현장에서도 사물인터넷의 원가 절감, 컴퓨팅 파워의 급속한 향상, 클라우드 컴퓨팅과 5G 등의 통신 기술 활용으로 인해 의료 시설에 서버와 컴퓨터를 구비하지 않고도 최적화된 의료 분석을 할 수 있게 될 것이다.

사람마다 각기 다른 DNA와 게놈_{유전자} 분석을 통한 진료의 진화도 기대할 수 있다. 예를 들면 암 치료다. 현대의 암 치료는 위암, 유방암 등 암이 어떤 장기에 생겼는지에 따라 치료 방법이나 치료제가 정해져 있다. 가까운 미래에 디지털 기술을 통해 암세포와 혈액의 유전자를 분석해 암의 원인이 된 유전자를 찾아낼 수 있다면 그에 맞춰 약을 개발할 수 있게 되지 않을까?

앞으로는 일본의 부족한 노동력을 보충하기 위해 제조업(공장), 농업, 소매, 유통, 운송 등의 현장에서 일하는 고령자와 외국인 노동자가 늘어날 것이다. 디지털의 힘은 이들 고령자와 외국인 노동자를 도와 풍요로운 사회를 실현하는 데 큰 보탬이 될 것이다. 일본 정부와 경제단체연합회가 중심이 되어 제시한 소사이어티 5.0의 비전은 충분히 실현 가능하다고 예상된다.

지구의 지속적인 발전을 위한 4차 산업혁명

미국 캘리포니아에서 대형 산불이 발생하고 북극의 얼음이 녹아 해수면이 상승하는 등, 지구 온난화와 이상 기후에 따른 자연재해가 늘어나고 있다. 온실가스 배출량이 계속해서 사상 최고를 기록하는 상황에서 일본에서도 극단적으로 더운 여름이나 지금까지 경험하지 못한 집중 호우 등 기후 변화를 체감하는 일이 많아졌다.

그런데 '4차 산업혁명은 친환경적'이다. 뜻밖이라고 생각할지도 모르지만 사실이다. 예를 들어 소매업계에서는 디지털화, 스마트 물류를 통해 재고 관리가 수월해져서 식품 등의 폐기를 방지할 수 있을 것으로 전망한다. 자동차 업계의 승차 공유 서비스는 자동차를 소유에서 공유로 바꾸는 과정이기도 하다. 즉 승차 공유 서비스는 자동차의 절대 수 감소로 이어져 환경친화적임을 알 수 있다. 최신 디지털 기술로 공장의 에너지 효율이 높아지면 에너지 낭비도 줄어든다. 또 소비자의 요구에 맞춰 제품을 제작하는 온디맨드형 생산이 자리 잡으면 불필요한 생산과 재고 자체가 줄어든다.

이러한 기술과 새로운 비즈니스를 개발도상국을 포함한 전 세계가 공유한다면 지구 전체가 효율화되어 에너지 소비 절감 및 온실가스 감축으로 이어질 것이다.

유엔의 SDGs 채택

2015년 9월 유엔UN은 회원국 만장일치로 인류가 지속적으로 발전하기 위해 2030년까지 달성해야 할 목표를 확정한 SDGsSustainable Development Goals(지속 가능 개발 목표)를 채택했다. 정치가나 경제단체장이 동그란 무지개색 SDGs 배지를 달고 있는 모습을 본 적이 있을 것이다. SDGs는 대단히 광범위하고 포괄적인 17개의 전 세계적 목표로 구성되어 있는데, 특히 목표 12항 '지속 가능한 소비와 생산'은 4차 산업혁명 기술로 큰 성과를 거둘 수 있다.

일본이 나아가야 할 방향

온난화가 가속되면서 세계는 탈탄소 사회, 청정에너지 활용을 추진하는 방향으로 나아가고 있다. 이러한 움직임은 앞으로 컴퓨팅 파워의 계산 비용이 낮아지면 더욱 활기를 띨 것으로 여겨진다.

과거 일본은 석탄 화력 발전소에 탈황 장치를 설치하는 등, 기술력으로 공해를 극복해 세계에서도 높이 평가받았다. 또 자국 중심주의인 '재팬 퍼스트'가 아니라 일본 ODA[26]와 봉사 활동을 통해 대기 오염이나 사막화 방지 같은 환경 문제에도 적극적으로 동참해왔음을 개발도상국을 비롯한 모든 나라가 알고 있다.

환경을 소중히 여기는 일본이 4차 산업혁명의 최첨단 디지털 기술을 구사해 자원 낭비를 없애고 지구 자원을 최대한 아끼는 과제를 해결해낸다면 일본 기술의 가치는 더욱 높아질 것이다. 유엔 SDGs 중에서도 목표 12항 '지속 가능한 소비와 생산'에서 세계를 선도해나갈 수 있도록 적극적인 환경 대책에 나서야 하겠다.

2025년 오사카·간사이 세계박람회에서
'일본을 보면 세계의 미래가 보인다'는 메시지를 전하자!

2025년 세계박람회 개최지로 선정된 오사카, 간사이 지방에서는 박람회 준비가 한창이다. 전시 콘셉트는 '미래 사회의 실험장'이다. 온갖 기기가 인터넷으로 연결되는 사물인터넷과 4차 산업혁명의

---

26 ODA(Official Development Assistance) 개발도상국의 경제 개발과 복지 증진을 위해 선진국 정부나 공공기관이 제공한 자금으로 진행되는 협력 사업. ─옮긴이 주

기술을 활용해 관람객이 직접 참여하는 체험형 전시를 목표로 하고 있다.

1970년에 열린 오사카 세계박람회는 방문객 6,400만 명을 기록하며 성황리에 막을 내렸다. 당시 초등학생이었던 나 역시 설레는 마음을 안고 세계 각국의 전시관을 둘러보며 흥분하고 감동했던 한 사람이다. 그때의 주제는 '인류의 진보와 조화'였다. 당시에는 인류 최초의 달 착륙이 과학 기술의 상징이었는데 아폴로 11호 승무원이 지구로 갖고 돌아온 월석이 오사카 세계박람회에 전시되어 크게 화제가 되었다. 앞에서도 소개했듯이 아폴로 계획의 우주 비행이라는 미래형 기술에서 문샷이라는 말이 탄생했고 그때 개발된 신기술이 여러 분야에서 상용화되었다.

이제 세계는 4차 산업혁명의 시대를 향해 도전하고 있다. '일본만의 힘으로'라는 우물에 갇히지 말고 오사카·간사이 세계박람회에서 미국, 유럽, 중국 등 세계 각국이 추진하고 있는 4차 산업혁명을 체험하며 가슴 뛰는 경험을 하길 바란다. 그리고 4차 산업혁명, 디지털 전환의 시대를 살아가는 일본의 젊은이와 어린이들도 꼭 방문해서 놀라운 최첨단 기술을 체험하길 바란다.

앞으로 일본에서 개최될 큰 행사는 오사카·간사이 세계박람회뿐만이 아니다. 모두 알고 있듯 2021년에는 도쿄 올림픽과 패럴림픽이 개최되어 세계의 운동선수들이 일본에 모인다. 자동차 산업과 디지털 산업이 융합한 자율주행이 운동선수와 관계자들의 이동을 책임지며 일본을 상징하는 기술로 소개될 것이다. 2020년에는 세계 로봇 챌린지World Robot Challenge가 개최되어 전 세계의 로봇이 아이치와 후쿠시마에 집결할 예정으로,27 일본의 엔지니어가 공들여 만든 로봇이 활약을 보여줄 것이다. 게다가 2020년에는 일본에서도 5G가 시작되어 초고속 통신을 이용한 새로운 사물인터넷 서비스가 줄지어 상용화된다.

이러한 큰 행사를 일본을 보여줄 쇼룸이라고 생각하고 예컨대 다음과 같은 메시지와 체험을 전 세계에 연속적으로 선보이면 어떨까?

'일본을 보면 세계의 미래가 보인다'

'일본에서는 디지털 세계와 현실 세계의 융합을 경험할 수 있다. 우리나라에서도 꼭 경험해 보고 싶다'

아무리 디지털 세계가 발전해도 우리가 생활하는 현실 세계에서 피드백을 받아 활용하는 이상, 현실 세계의 경제 활동은 앞으로도 계속 중요한 요소로 남아 있을 것이다. 왜냐하면 이용자는 디지털이 아닌 현실 세계에 있기 때문이다.

---

27 도쿄 올림픽과 패럴림픽, 세계 로봇 챌린지는 신종 코로나바이러스 감염증(코로나19) 확산으로 인해 연기되었다. ─ 옮긴이 주

이렇게 어려운 시대에 미국과 중국 사이에 선 독일이 자유 무역과 민주주의를 내세우며 중도를 걷는 균형자로서 같은 가치관을 가진 일본에 관계 강화를 원하고 있다. 한때는 세계의 정재계 핵심 인사들이 일본을 방문하지 않고 건너뛰는 '재팬 패싱'이라는 말이 있었지만 앞으로는 세계에서 일본의 지위가 급속히 높아질 가능성이 있지 않을까?

일본에서는 31년간 이어진 헤이세이의 시대가 막을 내리고 레이와라는 새 시대의 막이 열렸다. 새 시대에는 4차 산업혁명의 디지털 솔루션이 번성하고 세계 각국의 문화와 환경에 맞춰 각 지역에서 팀을 꾸린 기업연합이 잇달아 등장할 것이다. 그리고 여러 산업에서 '인공지능×빅데이터' 등 이 책에서 소개한 최신 디지털 기술이 본격적으로 상용화될 것이다. 그러한 상황 속에서 일본이 세계 팀의 든든한 파트너로서 빛나기를 기원한다.

일본 제조업의 미래

2017년 10월 20일 수록

니시오카 야스유키 IVI 이사장·호세이대학 디자인공학부 교수
와세다대학 기계공학부 기계공학과를 졸업하고 도쿄대학 대학원에서 박사 과정을 수료했다. 이후 미국 매사추세츠 공과대학 객원 연구원을 거쳐 2007년부터 호세이대학 디자인공학부 교수로 재직하고 있다. 2014년 일본 기계학회 생산시스템 부문 장을 역임했으며, 2015년 IVI를 설립하여 현재 이사장으로서 일본 제조업의 디지털화를 이끌고 있다.

연결되는 공장을 목표로 하는 IVI

오기 IVI(산업 가치 사슬 이니셔티브, 219쪽 참조)의 활동 상황을 알려 주십시오.

니시무라 IVI는 '연결되는 공장'을 테마로 참가 기업이 팀을 구성해 현재 20개가 넘는 워크숍·워킹 그룹이 활발히 실증 실험을 진행하고 있습니다. 2015년에 일본 기계학회의 생산 기술·생산 관리 이노베이션 분과회를 모체로 한 임의 단체로 시작되었고, 2016년에 일반사단법인으로 독립했습니다. IVI의 가장 큰 특징은 회원들이 공장을 갖고 있어서 현장의 살아있는 데이터를 사용해 실증 실험과

평가를 할 수 있다는 점입니다. 워크숍의 실증 실험 활동에서 데이터를 입수하는 플랫폼이 제품화되기도 했죠.

오기 도쿄 외 지방에서는 어떤 활동을 하시나요? 지방에 있는 중소기업이 사물인터넷을 도입할 계기를 찾고 있다는 이야기가 요즘 들어 자주 들리는데요.

니시무라 IVI의 규모가 점점 커지면서 지방에서도 활동해 달라는 요청이 늘고 있습니다. 회원들이 캐러밴 팀을 꾸려 지방을 돌며 체험형 세미나를 개최하고 있습니다. 2016년 시즈오카, 고베, 도야마를 시작으로 매년 10개 이상의 도시에서 참고할 만한 실증 실험과 그 성과 등을 지방 기업과 공유하는 활동을 하고 있습니다.

오기 미국의 IIC(산업인터넷 컨소시엄, 198쪽 참조)에서는 독일 인더스트리 4.0의 중심 멤버들이 IIC의 간부 조직인 운영위원회의 리더로 활발히 활동하고 있는데요. IVI는 사물인터넷 시대에 발맞춰 새로운 생산 프로세스를 개발하거나 산업 가치 사슬 전체를 최적화한다는 목표로 활동하는 컨소시엄인 만큼 세계적으로도 인지도가 높아지지 않았나요?

니시무라 독일의 인더스트리 4.0 관계자나 미국의 IIC 관계자와는 문제의식과 과제를 해결할 방향성 등을 공유하고 있습니다. 독일은 표준화를 목표로 디지털 분야의 기준 모델인 '인더스트리 4.0 참조 아키텍처 RAMI 4.0Reference Architecture Model Industrie 4.0'을, 미국의 IIC도 '산업인터넷 참조 아키텍처IIRA; Industrial Internet Reference Architecture'를 발표했습니다. 일본도 국제적인 디지털화 흐름에 맞춰 일본 제조업의 연결되는 공장에 대한 구상과 위상을 확실히 보여주기 위해 2017년 '인더스트리 밸류 체인 참조 아키텍처IVRA; Industrial Value Chain Reference Architecture'를 발표했는데요. 독일과 미국 외에 중국과 동남아시아에서도 문의가 늘고 있습니다.

제조업 데이터의 유통에 도전하다

오기 유럽에서는 사물인터넷과 인공지능 시대의 열쇠를 쥐고 있는 데이터의 연계와 유통을 촉진하기 위해 인터내셔널 데이터 스페이스International Data Space 구상을 추진하고 있는데요. IVI는 데이터 유통과 관련해서 어떻게 대응하고 계시나요?

니시무라 독일을 필두로 한 유럽도 사물인터넷 추진의 일환으로 데이터 활용 방안을 마련하기 시작했습니다. 사물인터넷으로 축적된 데이터는 가치를 창출하는데, 그 데이터를 활용할 수 있는 시스템을 갖추는 것이 중요합니다. 따라서 IVI는 2018년 10월, 언급하신 인터내셔널 데이터 스페이스 구상을 추진하는 ISDAInternational Data Spaces Association, FIWARE Foundation차세대 인터넷 민관 협력 추진 단체과 협력 관계를 맺는 양해 각서MOU를 체결했습니다.

일본은 제조업에서 방대한 데이터가 만들어집니다. 한편 그 데이터를 사고파는 플랫폼이 여러 개라는 점이 과제였죠. 그래서 IVI는 일본 정부가 발표한 '커넥티드 인더스트리즈' 정책의 일환으로 정부의 지원을 받아 다양한 네트워크가 각자 보유한 데이터를 상호 유통시키는 시스템인 '커넥티드 인더스트리즈 오픈 프레임워크 Connected Industries Open Framework'를 도입해 제조업 데이터를 활발히 이용할 수 있게 할 계획입니다. 앞으로 가이드라인을 확정해서 국내외에 공개할 예정이니 부디 기업에서 유용하게 활용하길 바랍니다.

4차 산업혁명에 관한 뉴스가 하루가 멀다 하고 보도되고 있다. 전작《결정판 인더스트리 4.0》을 출판한 후 4년 동안 인더스트리 4.0, 사물인터넷, 인공지능을 둘러싼 환경도 급격히 변화했다. 독일의 인더스트리 4.0이나 미국과 중국의 사물인터넷, 인공지능 관계자와 토론할 기회가 있을 때마다 크게 변화하는 세계의 최신 정세를 일본의 기업인들에게 전할 기회가 없을지 고심했다. 이번에 도요게이자이신보사의 도움을 받아 이 책을 정리할 수 있었다.

편집을 맡아 주신 출판국 사이토 히로키 부장님의 따뜻한 격려와 조언에 진심으로 감사드린다. 바쁘신 와중에 인터뷰를 수락해 주신 야후재팬 CSO이자 게이오기주쿠대학 교수인 아타카 가즈토 씨, 롤랜드버거 명예 회장인 롤랜드 버거 씨, IVI 이사장이자 호세이대학 교수인 니시오카 야스유키 씨에게도 감사드린다. 또 일본 경제조사협의회 인공지능연구회의 위원장인 히타치제작소 쇼야마 에쓰히코 명예고문과 조사위원장인 스기우라 데쓰로 전무이사가 흔쾌히 승낙해 주신 덕분에 연구회에서 나눈 논의를 이 책에 담을 수 있었다.

또 도쿄대학 미래비전 연구센터 객원 연구원인 오가와 고이치 씨, 일본 산업기술 종합연구소 정보·인간공학영역장인 세키구치 사토시 이사, 일본IBM의 구세 가즈시 CTO, 미쓰비시전기 FA시스템사업본부 산업메커트로닉스 사업부의 야스이 고지 기사장, 지멘스 일본법인의 후지타 겐이치 대표이사, 테크노스데이터사이언스 엔지니어링의 이케다 히로후미 집행위원상무 등 많은 분이 영상을 제공하고 조언해주신 덕분에 무사히 집필을 마칠 수 있었다.

이 책에 담은 내용은 모두 독일 작센 주 경제진흥공사의 일본 대표가 아닌 컨설턴트 입장에서 관계자분들께 들은 내용을 바탕으로 개인적인 의견을 정리한 것임을 밝혀둔다. 4차 산업혁명 시대에 일본의 밝은 미래가 실현되기를 기원한다.

참 고 문 헌

Plattform Industie 4.0 (2014), "Industrie 4.0 Whitepaper FuE-Themen."

Thomas Schulz (2017), *Industrie 4.0: Potenziale erkennen und umsetzen*, Vogel Business Media.

Christoph Keese (2017), *Silicon Germany: Wie wirdie digitale Transformation schaffen*, Penguin Verlag.

Andrew McAfee, Erik Brynjolfsson (2017), *Machine Platform Crowd: Harnessing Our Digital Future*, W.W.Norton&Company.

小川紘一 (2014), 『オープン&クローズ戦略(오픈&클로즈 전략)』, 翔泳社.

高梨千賀子·福本勲·中島震編著 (2019), 『デジタル・プラットフォーム解体新書(디지털 플랫폼 해체 신서)』, 近代科学社.

中西孝樹 (2018), 『CASE革(CASE 혁명)』, 日本経済新聞出版社.

日高洋祐, 牧村和彦, 井上岳一, 井上佳三 (2018), 『MaaS』, 日経BP社.

伊丹敬之 (2019), 『平成の経営(헤이세이 시대의 경영)』, 日本経済新聞出版社.

李智慧 (2018), 『チャイナ・イノベーション(차이나 이노베이션)』, 日経BP社.

일본경제조사협의회 (2018), 『人工知能(データ×AI) 研究委員会報告書(인공지능[데이터×AI] 연구위원회 보고서)』.

기업활력연구소 (2019), 『新時代のものづくりにおける人間とAIの協働のあり方に関する調査研究報告書(새로운 시대의 제조업에서 인간과 인공지능이 협력할 방안에 관한 조사연구 보고서)』.

디지털 사회의 비즈니스 미래 예측

2030년
제4차 산업혁명

초판 1쇄 2021년 9월 10일

글 오기 쿠란도
옮김 정세영

편집장 김주현   편집 김주현, 성스레
미술 안태현   디자인 빅웨이브
제작 김호겸   마케팅 사공성, 강승덕, 한은영

발행처 북커스
발행인 정의선
이사 전수현
출판등록 2018년 5월 16일 제406-2018-000054호
주소 서울시 종로구 평창30길 10
전화 02-394-5981~2(편집) 031-955-6980(영업)

값 17,000원
ISBN 979-11-90118-25-5 (03320)

※ 북커스(BOOKERS)는 ㈜음악세계의 임프린트입니다.
※ 이 책의 판권은 북커스에 있습니다. 이 책의 모든 글과 도판은 저작권자들과 사용 허락 또는 계약
  을 맺은 것이므로 무단으로 복사, 복제, 전재를 금합니다. 파본이나 잘못된 책은 교환해드립니다.